Rodulfo Gonz

LA DIASPORA
EN EL
SOCIALISMO
DEL
SIGLO XXI
TOMO IV

Isla de Margarita, Estado Nueva Esparta, Venezuela,
Julio de 2023

Catálogo de la Biblioteca del Congreso
Nombre: Rodulfo González, 1935-
ISBN: 979-8-3305-5302-0 (paperback)
ISBN: 979-8-3305-5303-7 (e-book)
Primera edición
Diagramación de Juan Rodulfo
Arte de portada por Valeria Magallanes
Producción: CENTRO DE INVESTIGACIONES CULTURALES DEL ESTADO NUEVA ESPARTA (CICUNE)
cicune@gmail.com
Impreso en EE. UU.

CONTENIDO

CAMINARON 60 DÍAS PARA LLEGAR A ARGENTINA

El 9 de febrero de 2021 El Nacional, con información de la agencia EFE, reportó la odisea de tres migrantes venezolanos que caminaron 60 días para llegar a Argentina, porque "Lamentablemente la situación en nuestro país está complicada, no tenemos trabajo, no hay comida", según declaró uno de los caminantes al medio argentino Crónica Televisión.

-Luego de 60 días, -indicó- tres migrantes venezolanos que salieron caminando de su país lograron llegar a Argentina. Se trata de un intento de conseguir trabajo y lograr la estabilidad socioeconómica que el régimen de Nicolás Maduro les impide tener.

El antes citado migrante, no identificado, igualmente manifestó que, a pesar de la difícil situación que también se registra en Argentina, en esa nación los ciudadanos cuentan al menos con los servicios básicos, que tanto carecen en Venezuela.

-En nuestro país –explicó- no tenemos ni siquiera medicamentos. No hay luz, no hay gas para cocinar, nosotros cocinamos a leña.

El Nacional señaló después que el trío salió de Venezuela, pasando por Colombia, Ecuador, Perú, Bolivia hasta que finalmente llegó a Argentina.

-Luego de que salieron por la televisión, -apuntó- dos argentinos se acercaron al puente donde iban a pasar la noche para entregarles zapatos y alimentos.

900 venezolanos salen a diario vía
Colombia o Brasil

PIDEN TRATO HUMANITARIO PARA MIGRANTES EN CHILE

El 9 de febrero de 2021 El Nacional reportó:

-El Servicio Jesuita de Migrantes pidió al gobierno de Chile brindar un trato humanitario a los cientos de venezolanos que están llegando al país por la frontera norte con Bolivia.

Los migrantes venezolanos salen y buscan donde poder subsistir. Mientras no se resuelva la crisis en Venezuela esto va a seguir ocurriendo", señaló Waleska Ureta, directora del Servicio Jesuita a Migrantes en Chile.

Ilustración 1.- Foto CNN en Español

Y añadió: "Es relevante que se asuma y se reconozca que esta es una crisis humanitaria que trasciende al tema migratorio. Solamente con dispositivos o con medidas en línea migratoria o control de fronteras, esto no se va a resolver".

A continuación, El Nacional señaló:

-Las declaraciones de Ureta ocurrieron durante una entrevista concedida a Radio Oasis de Chile. Durante su intervención insistió en que los países que reciban a los venezolanos deben brindarles una acogida humanitaria.

Señaló que millones de venezolanos están escapando del país por causa de la fuerte crisis económica, social, política y humanitaria que se vive en el territorio. Por ello, a su parecer, "los países de acogida o receptores de este flujo deben tener una respuesta humanitaria, acorde a lo que está sucediendo en el país de origen".

"Es importante reconocer que nadie por gusto transita el desierto, con la geografía que tiene, con el clima, para poder llegar a otro país por gusto o por turismo. Más allá de las cifras, hay personas detrás de esto, que lo están pasando mal", concluyó.

EL GOBIERNO CHILENO EXPULSÓ A VENEZOLANOS VARADOS EN LA FRONTERA CON BOLIVIA

El 10 de febrero de 2021 El Tequeño y otros medios reportaron:

-Chile expulsó este miércoles a un grupo de 138 migrantes venezolanos y colombianos que se encontraban varados en la frontera norte con Bolivia, una zona que desde hace días vive una fuerte ola migratoria que ha llevado al límite a pequeñas localidades fronterizas.

Al respecto dijo el ministro de Interior Rodrigo Delgado desde la pequeña localidad de Colchane, próxima a la frontera con Bolivia, que "Estamos en presencia del primer vuelo que sale del norte y da cuenta de un proceso de expulsión, en su mayoría personas que ingresaron de forma clandestina hace menos de tres meses".

El Tequeño, por su parte, añadió:

-La entrada de más de un millar de extranjeros en menos de siete días generó la semana pasada tensión en este municipio, de apenas 1.700 habitantes, que se encuentra muy próximo a la localidad boliviana de Pisiga, a 3.600 metros de altura sobre el nivel del mar.

La zona entre estos dos municipios se ha convertido, pese a la crisis sanitaria del covid-19 y las extremas condiciones climáticas (mucho calor durante el día y heladas de madrugada), en un paso de migración irregular.

La ola migratoria, formada principalmente por venezolanos, provocó desabastecimientos y enfrentamientos entre autoridades y grupos de extranjeros, además del colapso del sistema sanitario por la pandemia, lo que obligó a instalar campamentos para mantener en cuarentena preventiva a los migrantes.

El ministro explicó que la mayor parte de las personas fueron expulsadas por no haber regularizado su estancia en Chile, y una minoría fueron deportadas por motivos judiciales, entre ellos delitos relacionados con narcotráfico.

Y advirtió:

-Con esto nosotros estamos notificando a las personas que tienen intención de llegar a Chile por pasos no habilitados y de forma clandestina, que se arriesgan a un proceso de expulsión.

El día siguiente El Nacional se hizo eco de una denuncia de la Cruz Roja en la que advirtió que los migrantes venezolanos en Chile sufren desnutrición y neumonía.

-Las personas –señaló- viven en la intemperie en las plazas públicas y están expuestas a las bajas temperaturas: sin acceso a agua potable, artículos de higiene o servicios de salud.

Por otro lado, la Federación Internacional de Sociedades de la Cruz Roja y de la Media Luna Roja (FICR) alertó, mediante un comunicado, sobre la grave situación que enfrentan los migrantes venezolanos en Chile luego de cruzar a pie la frontera con Bolivia.

En el documento, citado por El Nacional, la Cruz Roja señala que este grupo, que aumentó significativamente entre noviembre y enero, está cada vez más vulnerable y en riesgo de padecer alguna complicación de salud.

-Esto se debe –indicó- a que hay más de 1.500 migrantes venezolanos viviendo a la intemperie en la plaza principal de Colchane, Chile. La pequeña localidad se encuentra a 3.730 metros sobre el nivel del mar y presenta temperaturas que bajan a 5° Celsius por la noche y alcanzan los 30° Celsius durante el día.

La falta de refugios ha llevado a los venezolanos a dormir en las calles, por lo que la mayoría presenta diferentes condiciones de salud como deshidratación, hipotermia, neumonía, hipertensión, desnutrición y diabetes.

Además, vivir al aire libre ha causado que los migrantes sufran quemaduras solares durante el día e hipotermia por las temperaturas bajo cero durante la noche.

Ilustración 2.- Foto ACI Prensa

En el informe además señalaron que ya dos migrantes, un venezolano y un colombiano, murieron a causa de las bajas temperaturas en la zona. Recientemente también se supo de un niño de dos años que se desmayó en el lugar luego de caminar dos días desde Venezuela.

La fuente adicionó:

A estas condiciones adversas se suman, además, la poca protección que tiene el grupo de migrantes contra el covid-19. En el sitio no se pueden implementar las medidas de bioseguridad necesarias porque no hay acceso a agua potable o a artículos de higiene.

Los servicios locales también están saturados por el aumento de 530% en la cantidad de migrantes que llegan a Chile por la frontera terrestre con Bolivia.

"Es un acto de inhumanidad": las reacciones por la deportación de decenas de migrantes venezolanos desde Chile

El Nacional señaló en otra parte del reporte:

-La tarde del martes 9 de febrero se conoció por medio de las autoridades chilenas que se procedería con la deportación de más de un centenar de migrantes que ingresaron ilegalmente a ese país. En la mayoría de los casos se trataba de ciudadanos venezolanos, dijo el ministro de Interior de Chile, sin precisar el número exacto de venezolanos, los cuales serían enviados de vuelta a su país en un avión militar la mañana de este miércoles.

Y agregó:

-En efecto, este 10 de febrero, se confirmó que al menos 86 de los expulsados son de nacionalidad venezolana. Y tras la expulsión, se han suscitado diversas reacciones de rechazo por parte de dirigentes políticos y ciudadanía en general.

Por su parte el entonces embajador del gobierno interino de Juan Guaidó, Tomás Guanipa, al criticar la deportación, recordó:

-Durante la dictadura de Pinochet los venezolanos recibimos a más de 80.000 chilenos en nuestro país protegiéndolos de la dictadura. Indigna ver como el gobierno chileno pretende deportar venezolanos colocando en riesgo su vida frente al régimen de Maduro.

Y agregó: "¿Qué hubiese pasado si Venezuela en su momento los hubiese deportado a Chile y entregados al régimen de Pinochet? Es propicio recordar la estrofa del himno chileno que dice 'que o la tumba serás de los libres o el asilo contra la opresión'. Rectifiquen ese acto de inhumanidad".

De igual manera, María Teresa Belandria, designada por Guaidó como embajadora en Brasil, también criticó la deportación y enfatizó que la medida de las autoridades chilenas ocurre cuando otros países de la región han tomado medidas para ayudar a los venezolanos ante la crisis del país.

Las deportaciones, empero, continuaron. El 25 de abril de 2021 un despacho de la AFP, desde Iquique, reportó:

- Las autoridades de Chile expulsaron el domingo a 55 venezolanos desde la ciudad de Iquique, en el norte del país, en el marco de un nuevo proceso de deportaciones que inició el gobierno chileno, muy criticadas por organizaciones de ayuda al migrante.

Antonio Ledezma a Sebastián Piñera: No le cierre la puerta a quienes huyen del infierno

La Policía de Investigaciones (PDI) trasladó a los venezolanos en al menos cinco autobuses hasta el aeropuerto de la ciudad de Iquique (unos 2.400 km al norte de Santiago) vistiendo overoles blancos con capucha, mascarillas para evitar contagios por el covid-19, esposados y acompañados cada uno por un agente, para abordar un avión rumbo a Caracas, según imágenes proporcionadas por el Gobierno Regional de Tarapacá.

EL CRIMINAL DESALOJO DE LOS MIGRANTES

El 18 de febrero de 2021 un despacho de Inter Press Service destacó:

-GINEBRA, 18 feb 2021 (IPS) - Cuatro de cada 10 venezolanos migrantes o refugiados en naciones vecinas fueron desalojados de las viviendas que ocupaban durante la pandemia covid-19, y otros tantos están en riesgo de perder su hogar en los países de acogida, mostró un estudio conducido por agencias especializadas de las Naciones Unidas.

"Mi esposo se quedó sin empleo, y nos cayó el arriendo, los gastos, la comida. Tuve que tocar puertas porque sabía que me iba a quedar sin nada, porque nosotros aquí no conocemos a nadie", contó a los encuestadores Kelly, una refugiada venezolana en la ciudad de Medellín, oeste de Colombia.

Kelly logró recibir ayuda de la Cruz Roja y de la Agencia de las Naciones Unidas para los Refugiados (ACNUR), que junto a la Organización Internacional para las Migraciones (OIM) condujo el estudio apoyado además por la Comisión Interamericana de Derechos Humanos (CIDH).

Después apuntó:

-Pero muchos miles más no han tenido la misma suerte, no han recibido ninguna ayuda de los gobiernos antes o después del desalojo, y según el estudio tres de cada cuatro hogares desalojados enfrentan nuevos riesgos de desalojo. Una quinta parte de las personas afectadas son mujeres embarazadas o madres de niñas y niños.

Hasta el año pasado, 4,6 de los 5,4 millones de venezolanos que salieron en los últimos seis años de su país, huyendo principalmente de la crisis económica, arribaron a los países de América Latina y el Caribe, y ACNUR y la OIM conformaron una plataforma para coordinar sus auxilios.

Y a continuación indicó:

-Muchas personas refugiadas y migrantes en la región, dependientes de la economía informal para sobrevivir, perdieron sus trabajos durante la pandemia y viven en situación de pobreza, sin poder cubrir sus necesidades básicas, incluyendo el pago de alquiler, señaló el estudio.

Colombia, donde hay cerca de 1,8 millones de venezolanos, es el país con mayor número de casos en los que se le ha notificado del desalojo a los hogares encuestados, 69,5 por ciento, seguido por Brasil (59), Ecuador (58,4) y Perú, con 55,7 por ciento.

Posteriormente puntualizó:

-Los desalojos afectan los derechos humanos económicos y sociales de las personas migrantes, refugiadas y desplazadas, y, en el contexto actual, principalmente el acceso a la vivienda digna de las personas venezolanas", expresó Julissa Mantilla, relatora sobre derechos de los migrantes en la CIDH.

Según las encuestas, que fueron realizadas en siete países –Brasil, Colombia, Ecuador, Guyana, Panamá, Perú y República Dominicana- en la mitad de los hogares entrevistados sus ocupantes viven en una sola habitación.

El estudio también mostró que 11 por ciento de todos los desalojos resultaron en indigencia, y tres de cada cuatro de los hogares encuestados caerían en indigencia si fueran desalojados de la vivienda que ocupan.

La indigencia aumenta para las personas migrantes el riesgo de contagio de COVID, así como de estigmatización y de ser explotadas y abusadas sexualmente, indicó el estudio divulgado en esta ciudad sede de ACNUR y la OIM.

Varios gobiernos, para prevenir la indigencia durante la pandemia, prohibieron temporalmente los desalojos, entre otras medidas, pero algunas de estas regulaciones ya expiraron o culminarán una vez finalice la declaración de emergencia.

Asimismo, según el informe, los propietarios no cumplen esas medidas en todos los casos, y seis de cada 10 hogares que enfrentaron desalojos no tenían contrato formal.

En la encuesta se reportaron diferentes tácticas de desalojos, como amenazas o uso de violencia física, sexual, el acoso, y la interrupción de servicios como agua, electricidad y gas. La falta de asistencia institucional incrementa la vulnerabilidad, especialmente para mujeres, niñas, niños y personas con discapacidad.

Más adelante especificó:

-Eduardo Stein, representante de ACNUR y OIM para los refugiados y migrantes venezolanos, dijo que "la necesidad de garantizar políticas públicas para el acceso a la vivienda, como paso siguiente a los esfuerzos en regularización, es clave para evitar que sigan aconteciendo situaciones tan dramáticas".

En otros datos de la encuesta, 86 por ciento manifestó que el principal impacto de la COVID es la acumulación de deudas, y las consecuencias más temidas ante los desalojos son que el hogar quede en situación de calle, el riesgo al contagio por la COVID y la falta de acceso a los servicios públicos.

PARA REFRESCARLES LA MEMORIA A LOS CHILENOS

Vale la pena reproducir íntegramente el artículo de Beltrán Vallejo publicado en TalCual el 22 de febrero de 2021, con igual título que el capítulo donde la vaciamos:

A propósito de la infeliz deportación masiva de venezolanos que realizó el gobierno chileno, es lógico que en Venezuela haya indignación con ese procedimiento de expulsión que se realiza en aquella nación donde llegó alguna vez un compatriota llamado Andrés Bello para aportar un legado de cultura y educación.

Es triste el trato que le están dando a los venezolanos en países como Perú y Colombia, donde han sido víctimas de hechos bochornosos y xenofóbicos. Todavía recordamos las acciones de la alcaldesa de Bogotá en palpable atropello para con nuestros connacionales y hasta aquellas ñoñeras inhumanas que alguna vez expresó el presidente de Colombia, Iván Duque, cuando planteó no vacunar contra el covid-19 a los migrantes venezolanos. Después medio corrigió algunas frases y actitudes.

En fin, el pueblo venezolano sí ha sido menospreciado y agredido en varios lugares de este continente.

Pero lo de Chile en verdad duele, porque precisamente nuestro país recibió con los brazos abiertos aquel exilio político que vino de aquella nación, se comprendió a los perseguidos y expulsados por la dictadura brutal de Augusto Pinochet en los años 70 y 80. Yo lamento que tenga que sacarle esto a ese pueblo que parece olvidadizo o desagradecido.

Es de recordar el hecho de que, en septiembre de 1973, la embajada de Venezuela en Santiago de Chile sirvió de lugar de salvación para centenares de chilenos, donde el embajador venezolano de aquella época los acogió a todos, y donde algunos de ellos tuvieron que saltar el muro para no caer asesinados en las calles.

Allí los recibió nuestro embajador que tenía hasta una tanqueta de los gorilas apuntando el edificio.

Se dice que en la embajada de Venezuela se le salvó la vida, en aquellos primeros días del golpe pinochetista, a más de 250 perseguidos. ¿Los chilenos no recuerdan eso?

Aquí llegaron presos políticos que venían de campos de concentración; aquí llegó gente que estuvo prisionera en la isla de Dawson. Los sobrevivientes de varios infiernos llegaron aquí donde encontraron el paraíso. Aquí no se les torturaba, ni se les acosaba, ni se les fusilaba. ¿Los chilenos no recuerdan eso?

Orlando Leterlier, el excanciller de Salvador Allende salió en libertad en 1975 gracias a las gestiones de un venezolano connotado en aquella época, como lo fue Diego Arria, así como Ramón Escobar Salón gestionó la liberación de una lista de presos políticos.

Fuimos la luz al final del túnel para muchos chilenos en aquellos días de plomo; pero hoy casi que sacan a patadas a nuestros compatriotas que viajaron a Chile para sobrevivir. Los venezolanos no son una plaga.

Dice la sabiduría popular que así
paga el Diablo

LOS CAMINANTES SON EXTORSIONADOS EN LAS ALCABALAS VENEZOLANAS

Antes de llegar a la frontera, los migrantes son extorsionados por funcionarios inescrupulosos en las sopotocientas alcabalas por las que obligadamente pasan para llegar a Colombia o Brasil, donde se asentarán o continuarán su viaje hacia otros destinos inciertos huyendo de la narcodictadura de Nicolás Maduro.

Sobre tal anomalía el 17 de febrero de 2021 la periodista Carmen Victoria Inojosa, del portal Crónica.Uno, reportó:

-El Centro de Derechos Humanos (CDH) de la UCAB publicó un informe donde alerta que los caminantes venezolanos que emprenden un trayecto a pie dentro del país antes de llegar a la frontera se enfrentan a extorsiones de los funcionarios en las alcabalas: les quitan el dinero, la ropa, alimentos y otras pertenencias.

Y agregó:

-Caracas. "Yo traía un bolso con comida cruda y en todas las alcabalas que me fueron parando me fueron quitando, que si dos kilos de pasta, que si dos de arroz. (…) Muchas veces me tocó pasar por el monte, siendo venezolano, allá en Venezuela, para evitar la alcabala".

Este es un testimonio de un caminante de la tercera edad que documentó el Centro de Derechos Humanos de la Universidad Católica Andrés Bello (CDH UCAB) en su informe "Caminantes de ida y vuelta: el flujo de caminantes venezolanos por el continente en tiempos de pandemia".

El citado informe, apuntó además que los investigadores de la UCAB encontraron en Cundinamarca, una región colombiana, venezolanos que venían caminando desde Barinas, Valencia, San Felipe, Caracas y Puerto La Cruz.

-Por ejemplo, -señaló- quienes venían de Puerto La Cruz hicieron un recorrido de 1900 kilómetros.

Igualmente reveló que los caminantes son detenidos "sin razón alguna en alcabalas a lo largo de las rutas por Venezuela, solo para retenerles su cédula de identidad, alegando una supuesta verificación".

Y advirtió:

-En otros casos, las cédulas fueron destruidas y sus titulares sometidos a maltratos verbales. Los documentos también son usados como forma de extorsión, ya que son retenidos y solo entregados a cambio de dinero, generalmente en divisas", alerta en su informe el CDH UCAB.

Y cuando los caminantes llegan a la frontera, no solo están agotados físicamente por el largo recorrido, sino golpeados anímicamente pues han sido despojados de la mayor parte de las pertenencias y recursos que habían reunido para realizar su viaje. Es el último golpe que reciben en territorio venezolano, antes de cruzar.

LA XENOFOBIA COBRA VIDAS DE MIGRANTES VENEZOLANOS

El 2 de marzo de 2021 El Nacional, en el reportaje "Xenofobia y violencia: la cifra de migrantes venezolanos asesinados en el exterior en lo que va de año", reveló que en los dos primeros meses de ese año Perú, Ecuador, Colombia y Chile fueron los países donde sucedieron los ataques violentos más sonados contra nuestros connacionales que impactaron en las redes sociales.

Ilustración 3.- Fotomontaje: Frontera Viva

En esos dos meses, al menos 10 venezolanos murieron en dichos países de forma violenta.

La fuente añadió:

-Uno de los casos más polémicos y sonados en las redes sociales fue el de Orlando Abreu, comerciante de 27 años radicado en Perú. El joven murió en manos de Oscar Enrique Narro Correa, alias "Cara Cortada".

El pasado 24 de enero el suceso se volvió viral por ser un ejemplo de la fuerte ola de xenofobia en el país en contra de los migrantes venezolanos. Correa le disparó a Abreu en un mercado popular de Trujillo, ciudad en la que el joven trabajaba. El hecho quedó registrado en un video de las cámaras de seguridad y les sirvió a las autoridades para detener al victimario.

Otro de los sucesos en Perú que causó conmoción fue el del caso de Wilmer Jaimes Colmenares, de 41 años. Su muerte, poco investigada por las autoridades, la denunció su prima Karla Tapias para exigir justicia. Colmenares falleció el pasado 13 de febrero luego de que sus compañeros de trabajo lo golpearan y lo lanzaran desde un tercer piso en Lima.

Luego indicó:

-La violencia en contra de los migrantes venezolanos en Perú es desmedida. Otro de los casos que ejemplifica la grave situación es el de Jesús Castejón Córdoba. El joven de 25 años falleció luego de recibir 15 disparos en Lima, Perú.

El medio Frontera Viva señaló que el hecho quedó registrado en un video en el que se observa a dos desconocidos atacar a Castejón. El venezolano se dedicaba a repartir pedidos de la empresa Glovo. Durante el ataque le ataron las manos y después le dispararon. Posteriormente, los atacantes huyeron en una moto.

Oswaldo Giran, un mensajero de la empresa Rappi, se volvió viral en redes sociales luego de denunciar el intento de asesinato en su contra en Perú. El joven se encontraba laborando, iba a despachar una orden el sábado 20 de febrero, cuando se encontró con un hombre en estado de ebriedad que tenía intención de matarlo.

El sujeto disparó contra Giran e incluso presionó el cañón del arma contra su cabeza, pero afortunadamente la pistola no accionó. La situación quedó registrada en video gracias uno de los compañeros de Girán que comprendió las señas de auxilio en medio de la situación.

La Policía de Perú logró detener al responsable del intento de homicidio, Roberto Valdivia Osorio, quien actualmente tendrá que cumplir una pena de 9 meses de cárcel por el ataque.

Seguidamente apuntó:

-Un hombre y una mujer de nacionalidad de venezolana fallecieron en manos de la violencia en Medellín,

Colombia. Sus cuerpos se encontraron en una casa del barrio Robledo Aures de la ciudad. Aunque todavía no se estableció la causa de muerte de la mujer, las marcas en el cuello señalan un posible femicidio.

Las autoridades señalaron que posiblemente el hombre de 24 años asesinó a su compañera y luego se quitó la vida.

Los casos de violencia contra las mujeres venezolanas en el exterior también causaron conmoción y alerta. Entre ellos se destacó el caso de una migrante venezolana quien discutió con su pareja en una fiesta que tuvo lugar en el barrio La Pradera, Colombia.

La víctima, identificada como Yolimar del Valle Araújo murió por una herida de bala en el pecho que le propinó Walter Escobar, su pareja.

En Ecuador también hay violencia. El pasado 13 de febrero se dio a conocer que Diocelys Salazar, de nacionalidad venezolana, falleció luego de recibir múltiples puñaladas en Riobamba, provincia del Chimborazo, en Ecuador. La venezolana de 22 años dejó huérfanos a dos niños pequeños.

Autoridades locales dieron a conocer que Salazar murió en manos de su expareja sentimental. La noticia de su muerte causó conmoción en redes sociales, allí su hermana Leyra Jiménez pidió ayuda para trasladar a los dos niños pequeños de regreso a Venezuela.

En cuanto a Chile, según Frontera Viva, citada por El Nacional, la cifra de ataques contra los migrantes venezolanos es significativamente menor que en la de otros países. Sin embargo, también existen casos de violencia contra los migrantes.

-Un ejemplo de ello –precisó- es el caso de Karlos Manuel Reinoso Araque, quien murió el viernes 19 de febrero en horas de la noche, por causa de un desconocido en Chile. El joven, de nacionalidad venezolana y 19 años, recibió un disparo en la cabeza.

Las autoridades señalaron que Reinoso se encontraba compartiendo con un grupo de amigos en una fiesta llevada a cabo en Santiago de Chile cuando el hecho sucedió.

El 3 de junio de 2023 Yorvi García, de El Impulso, reportó:

-Un informe del Banco Interamericano de Desarrollo (BID) y el Programa de Naciones Unidas para el Desarrollo (PNUD) revela que el 62% de la población de América Latina y el Caribe no está de acuerdo con recibir a migrantes venezolanos. Los datos provienen de una elaboración propia con base en datos de Latinobarómetro 2020 y encuestas de Gallup de 2016 y 2019.

Y agregó:

-Perú (81%) y Ecuador (80%) son los países con mayor rechazo a la llegada de migrantes venezolanos. Colombia, el país que más recibe migración venezolana, también manifestó un alto rechazo (79%).

En los últimos años, América Latina y el Caribe ha acogido a más del 80% de los venezolanos que migraron, sumando alrededor de 6,8 millones de personas hasta agosto de 2022.

El informe titulado "Un mundo mejor para la población migrante en América Latina y el Caribe" señala que la región pasó de hospedar a 7 millones de personas migrantes en 1990 a tener una población migrante de 15 millones en

2020. La crisis migratoria masiva en Venezuela ha originado una diáspora desafiante debido a su intensidad en un corto período de tiempo.

Si bien la migración impulsa la productividad y genera sociedades más diversas, flujos tan repentinos ocasionan presiones que afectan la pobreza y el desarrollo. También se ha exacerbado la xenofobia.

MÁS SOBRE LA XENOFOBIA CONTRA LOS VENEZOLANOS

El 13 de marzo de 2021, Gustavo Tovar-Arroyo, en un extenso artículo publicado en el portal La Patilla, abundó sobre la xenofobia de la que son objetos los migrantes venezolanos en algunos países de América Latina cuyos ciudadanos, por razones políticas y económicas hicieron vida normal en Caracas, Margarita, Bolívar, Aragua, Miranda y otras regiones de nuestra geografía.

Comenzó señalando:

-Antes de Hugo Chávez —esa maldición bubónica que le cayó a Venezuela y la arrasó como la peor peste conocida en nuestra historia— nadie podía suponer ni imaginar que los venezolanos, otrora respetados y admirados, iban a ser repudiados y abominados por todas partes de América Latina y el mundo. A la ruina socioeconómica y política que ha causado la peste chavista se suma la más degradante y vil de todas las ruinas: la moral.

El venezolano y lo venezolano, debido al chavismo, es despreciado y desgraciado por naciones que nos deben no sólo su libertad e Independencia, que en muchos casos nos deben su democracia.

Colombia, Ecuador, Panamá y Perú
fueron países liberados del coloniaje
español por soldados venezolanos.
Los chilenos, durante la dictadura de
Augusto Pinochet, encontraron en
Venezuela pan, techo, abrigo y
solidaridad

Luego precisó

-Nadie se salva, ni empresarios (la mayoría venidos a menos, exceptuando chavistas), ni deportistas, ni artistas, ni académicos, ni periodistas, nadie. De sólo decir que provenimos de Venezuela se nos observa y atiende con pena, vergüenza ajena, como víctimas y en el peor y más desgraciado de los casos, se nos trata con asco. Me produce una profunda indignación que esto suceda (que ya es casi a diario), pues entiendo que nada cambiará mientras el chavismo rija el poder. Nada. Hay que derrocarlos para recuperar el honor y la dignidad malogradas.

Seremos —seguiremos siendo— objetos de desprecio, de sorna (los chistes sobre nosotros son inaguantables) y de lástima mientras el chavismo exista. Sí, damos lástima.

En Colombia, Ecuador y otros países
latinoamericanos, a los migrantes
venezolanos se les llama
peyorativamente venecos

Posteriormente apuntó:

-Un bandolero peruano asesina a mansalva a un joven comerciante venezolano y las cámaras del circuito cerrado de televisión muestran la barbarie. Una manada de xenófobos chilenos humilla a un grupo de venezolanos que intentan cruzar su frontera, su crueldad indigna. Un candidato a la presidencia de Perú –sí, a la presidencia– dice que nos arrojará al mar cuando alcance el poder, se topa con un venezolano e intenta golpearlo (sólo es candidato, ¡imaginemos!). Una alcaldesa colombiana después de un horrendo crimen cometido por un delincuente, que resulta ser venezolano, advierte de la "amenaza" venezolana, para ella somos un peligro.

La alcaldesa de Bogotá, Claudia López Hernández, acusó a los migrantes venezolanos de ser los causantes del auge de la delincuencia en la capital colombiana, lo cual es una falacia, según las estadísticas criminales, y exacerbó en consecuencia el sentimiento xenofóbico hacia nuestros paisanos. Es más certero hablar de aporofobia, término acuñado por la filósofa española Adela Cortina, pues se les desprecia no por ser extranjeros sino por su cualidad de pobres. Otro tanto ha ocurrido en Perú, en Chile y Ecuador

---

Seguidamente destacó:

-Para sobrevivir, para que nuestras familias sobrevivan, para que nuestros hijos no sean maltratados, humillados, vejados y perseguidos, los venezolanos –me incluyo– nos hemos visto obligados al destierro. No ha sido nada fácil, no lo será jamás. La vida se nos va en idiomas, acentos, sabores, olores, visiones y culturas ajenas. Somos sonámbulos que andamos a tientas en otras tierras. Que nos maltraten, humillen y vejen es desconsoladoramente inhumano.

No somos delincuentes, la mayoría de los venezolanos, un noventa y cinco por ciento de los que hemos emigrado, somos trabajadores productivos. ¿Por qué nos agreden?

Somos un pueblo perseguido.

En la misma fecha del artículo citado anteriormente el diario El Tiempo, de Bogotá, reveló:

-Según una información compartida por el medio especializado en chequeo de datos Colombiacheck, los venezolanos ya conforman 3,6% de la población en Colombia, pero solo cometen 0,63% de los delitos. Esto, sin embargo, no impidió que hubiera una borrasca de opiniones en las redes sociales sobre lo que pasó, el asesinato del patrullero Edwin Caro Gómez cuando les hacía una requisa de rutina a dos hombres y le dispararon a quemarropa,

Uno de los implicados era un migrante venezolano.

Sobre ese caso escribió la alcaldesa Claudia López Hernández la noche del 10 de marzo, día del asesinato:

-En el hecho falleció un policía y uno de los agresores. Se capturó al otro implicado, de nacionalidad venezolana, y se incautaron dos armas", escribió la alcaldesa de Bogotá, Claudia López, la noche del 10 de marzo (el día de los sucesos).

A la mañana siguiente, la mandataria dijo en el homenaje al patrullero: "hay una minoría de migrantes profundamente violenta, que mata para robar o por una requisa, como pasó en este caso".

En pocas horas, términos como "venezolanos" y "venecos" se volvieron tendencia en Twitter, dando cuenta de las palabras más usadas por los ciudadanos.

TALENTO MUSICAL Y DEPORTIVO DE MIGRANTES VENEZOLANAS

El 9 de marzo de 2021 la corresponsalía de Inter Press Service en Chile reportó:

-SANTIAGO - Formar una orquesta, un coro y una escuela de música en Chile, o integrarse al fútbol profesional en Ecuador, son algunas de las experiencias que pueden mostrar mujeres venezolanas forzadas a migrar a países de la región y cuyas historias destaca la Agencia de las Naciones Unidas para los Refugiados, ACNUR.

Y agregó:

-Para la maestra de música y directora de coro Ana Marvez, de 34 años, quien llegó a esta capital hace cinco, "uno de los aspectos más desgarradores de ser forzada a dejar el hogar es tener que renunciar a tu profesión".

Tuvo más suerte que muchos de los 457 000 venezolanos refugiados y migrantes en Chile, que toman cualquier trabajo para salir adelante, porque a las pocas semanas de llegar obtuvo un puesto como secretaria —con salario mínimo- en una escuela de arte.

La mayoría de los músicos venezolanos que conocía en Chile "estaban trabajando en lo que podían, cajeros, cuidadores de niños, guardias de seguridad y porteros. Pero si tú no estás tocando constantemente pierdes tus habilidades y años de entrenamiento".

Después destacó:

-Venezuela creó en 1976 un prestigioso programa de educación musical, con una red de orquestas juveniles e infantiles que formaron músicos profesionales, muchos de los cuales viven ahora en el extranjero y son parte de diáspora que el año pasado ya sumaba 5,4 millones de personas, según ACNUR.

Poco después de que Ana empezara a trabajar, comenzó a recibir solicitudes de otros músicos venezolanos que buscaban trabajo desesperadamente. Un día, en un arrebato, se llevó a su casa la pila de 30 currículos, y empezó a llamar a quienes buscaban empleo en este país de 19 millones de habitantes.

"Les pregunté si querían reunirse conmigo los fines de semana y empezar una orquesta y dar clases de música", dijo. Todas las personas que llamó se emocionaron con la idea del nuevo proyecto, reclutaron más amigos músicos, y así nació la Fundación Música para la Integración.

Ahora, 300 músicos, la mayoría de ellos refugiados y migrantes de Venezuela, Colombia, México, Perú, y también de Chile, participan en el proyecto, que incluye una orquesta sinfónica, un coro y varias clases de música para niñas y niños.

Aunque la mayoría trabaja de manera voluntaria y gratuita, la Fundación reparte los pagos que recibe de las clases, así como las ganancias de los más de 100 conciertos que han presentado en Chile para ayudar a complementar sus ingresos.

Seguidamente apuntó:

-La pandemia COVID-19 forzó a la Fundación a adaptarse a los cierres que implicaron cancelación de conciertos, ensayos presenciales y clases de música, ahora realizadas en forma virtual y con un horario reducido.

Ante la merma de ingresos, la Fundación ha recibido apoyo de ACNUR y su directiva, compuesta solo de mujeres, reserva lo recaudado para ayudar a comprar alimentos a los músicos y que puedan remitir algún dinero a sus familias en Venezuela.

Se mantiene en pie el proyecto de ayudar a organizar grupos musicales en otros grupos vulnerables, como personas con discapacidad y LGTBI.

Posteriormente explicó:

-Entretanto, en Ecuador, las jóvenes futbolistas María Claudia Pineda (26) y Yosneidy Zambrano (23) evocan el doble obstáculo que debieron superar hasta integrarse como profesionales al club Dragonas Independiente del Valle.

Primero, hacerse un hueco en el mundo futbolístico dominado por hombres, que implicó inseguridad y falta de oportunidades en su país, y luego migrar hasta poder encajar en un club profesional en el país de acogida, de 17 millones de habitantes y a donde han llegado también otros 417 000 venezolanos.

"La gente no suele valorar o no suele darse cuenta de todo lo que conlleva el sacrificio para una mujer desempeñarse en este deporte", dice Pineda. "Yo al venir acá tuve que dejar tantas cosas atrás por llegar a donde estoy", relató.

Zambrano pasó por algo parecido porque "siempre está ese tema machista y ser una niña, ser la única niña dentro de muchos hombres, es incómodo. Pero creo que eso me hizo más fuerte, me hizo seguir, luchar por conseguir lo que me gustaba", dijo.

Posteriormente apuntó:

-Pineda se inició en 2014 como profesional en el Deportivo Lara, del centro-occidente de su país, pero dos años después debió marcharse, como muchos compatriotas que huyen de la crisis económica y social marcada por la escasez o carestía de alimentos, medicinas, servicios esenciales, la inseguridad y la confrontación política.

Zambrano, poco después de participar en el Mundial sub-20 en 2016, fichó para un equipo francés, pero solo pudo jugar tres meses en Francia. "Debí ir a mi país a renovar el pasaporte y la situación en Venezuela era complicada. Se demoró mucho, perdí mi pasaje y ya no pude volver", narró.

La falta de acceso a documentación legal es un problema que enfrentan a diario miles de refugiados y migrantes venezolanos, según ACNUR.

Pineda y Zambrano recibieron ofertas de equipos de México y Ecuador, y finalmente se integraron a las Dragonas de la ciudad de Sangolquí, vecina de Quito, donde han conseguido integrarse con sus compañeras de Ecuador, un país que estableció una "superliga" de fútbol profesional en 2019.

Para la entrenadora de Dragonas, Vanessa Arauz, la experiencia del desplazamiento ayudó a fortalecer el carácter de sus jugadoras venezolanas, pues "todo eso que ellas han pasado en la vida, acá a ellas las hace mucho más fuertes, valoran más las cosas, lo transmiten a sus compañeras y es muy importante para el equipo".

De su lado, ACNUR lanzó una campaña junto al equipo llamada #TuCanchaEsMiCasa, para promover la integración de las personas refugiadas en Ecuador.

LA XENOFOBIA Y LA APOROFOBIA CONTRA MIGRANTES VENEZOLANOS MARCHAN JUNTAS

La profesora Feline Freier, investigadora del Centro de Investigación de la privada Universidad del Pacífico, ubicada en el distrito de Jesús María en la ciudad de Lima, constató en un estudio realizado por la Agencia de la ONU para los Refugiados (ACNUR) en el cual participó, que la xenofobia contra los migrantes venezolanos en Perú,

acentuada por los medios digitales, se mezcla con aporofobia o el rechazo a los pobres.

El 19 de marzo de 2021 el portal El Pitazo dio a conocer esa opinión en la que también la investigadora universitaria advirtió sobre el peligro de tal conducta contra la comunidad venezolana que forzosamente vive en ese país.

Según dicho estudio, inédito en la fecha, las percepciones negativas hacia la población venezolana migrante en Perú siguen creciendo.

-Preguntamos a 1 mil peruanos -explicó- que dijeran cuál es el porcentaje de venezolanos que son criminales y la gran mayoría respondió que la mitad de los venezolanos son criminales, lo que contrasta con el registro del Instituto Nacional Penitenciario (INPE) de Perú, que señala que únicamente 0,08% de los venezolanos estaban presos.

Sin embargo, "Reconoce una disminución progresiva del nivel socioeconómico de los migrantes forzosos venezolanos que llegan a Perú, pero señala, con base en estudios del centro de investigación Equilibrium Cende, que más de la mitad cuenta con estudios superiores o técnicos" e indica que "Sigue siguiendo una migración altamente calificada".

El Pitazo añadió:

-La investigadora del Ciup advierte sobre el peligro de etiquetar a la migración venezolana en Perú como criminales, hecho que – constató en el estudio realizado para ACNUR – es acentuado en mayor proporción por los medios de comunicación digitales peruanos.

Igualmente indicó que Feline Freier aseveró:

-La criminalización del migrante venezolano en los medios no ocurre tanto en los tradicionales impresos sino sobre todo en artículos online, y eso dicen los mismos editores y periodistas entrevistados: que es más en la prensa online, porque ahí lo que cuenta son los clics, y que el crimen peruano no vende, pero sí vende el crimen cuando es muy violento o cuando incluye a extranjeros.

En la llamada prensa amarillista, que en Perú se le conoce como chicha, se promueve la xenofobia contra los venezolanos por casos individuales de crímenes donde aparecen nuestros connacionales como indiciados, pero generalizan, a pesar de que estudios gubernamentales revelan que el porcentaje de

*delincuentes de nuestro país en Perú
es insignificante*

Dijo más a El Pitazo la profesora Freier:

-Que la mayoría de los peruanos encuestados para el estudio de ACNUR consideran que la migración en general y la diversidad cultural son positivas.

Asimismo, que la gran mayoría afirmó haber tenido experiencias positivas con venezolanos, pero señalan que culturalmente son muy diferentes, a pesar de que comparten un mismo idioma y la misma religión.

Que en entrevistas recientes a más de 100 venezolanos en cinco ciudades de Perú 67% de los hombres y 85% de las mujeres dijeron haber sufrido discriminación por su nacionalidad.

Que los mismos venezolanos identifican diferencias entre la migración reciente. Sienten que ellos fueron los buenos migrantes y ahora han llegado los malos migrantes.

*Con toda razón, pues en la migración
se han coleado integrantes de bandas
criminales como el Tren de Aragua y
hampones probablemente enviados
por la narcodictadura para
desacreditar a los refugiados*

Que en la campaña política celebrada en Perú se observó por parte de algunos aspirantes a la presidencia de la República un aumento del discurso xenófobo contra los venezolanos.

Uno de los candidatos presidenciales, Daniel Salaverry, amenazó el 1 de marzo de 2021: "Si Maduro no viene a recoger a sus compatriotas se los voy a mandar en barco".

ESCLAVAS SEXUALES EN TRINIDAD Y TOBAGO

El 11 de abril de 2021 las periodistas Marielba Núñez y Claudia Smolansky, del portal Armando Info, dieron a la publicidad un reportaje en el cual analizaron objetivamente la trata sexual de las migrantes venezolanas en Trinidad y Tobago.

-Pierden la libertad –revelaron de inicio- apenas pisan cualquier playa trinitense y su "pecado original" es una supuesta deuda que estas mujeres solo pueden pagar convirtiéndose en una mercancía sexual. Las amansan con un proceso previo de tortura, rotación y terror hasta que pierden el impulso de escapar. El crecimiento de estas redes de trata es tan evidente que informes regionales y parlamentarios reconocen que, en esa maquinaria de engaño y violencia, la complicidad del aparato de justicia de la isla multiplica el número de víctimas.

Y agregaron:

-Lilia nunca imaginó que una simple solicitud de amistad en Facebook podía ser el comienzo de una pesadilla. Quien la contactaba no podía haber despertado menos sospecha: era una adolescente, como ella, que también residía en Maturín, al oriente de Venezuela. Primero fueron amigas en la red social y luego comenzaron a verse en el liceo donde estudiaba. La invitaba a fiestas y a otros espacios sociales junto a sus amigas. Un día, cuatro meses después de aquella amistad virtual, le ofreció empleo "recogiendo botellas en un restaurante" para ganar "un buen dinero", un anzuelo irresistible, en medio de la crisis venezolana, para Lilia, quien entonces tenía 17 años. Pero esa oferta estaba tan lejos de la realidad como de Venezuela. Engañada, Lilia terminó como rehén de una red de explotación sexual en Trinidad y Tobago. Como ella, fueron más de 21.000 las mujeres venezolanas, adultas y menores de edad, que han sido víctimas de trata de personas en los últimos 6 años en ese país, de acuerdo con cifras oficiales de la Comunidad del Caribe (CARICOM). Las víctimas, indica un informe de ese organismo, suelen tener entre 18 y 25 años, aunque un número significativo tiene entre 16 y 17 y algunas son aún más jóvenes.

Luego explicaron:

-Una vez captadas por las bandas criminales, muchas veces mediante engaño para que acepten su traslado a la isla, son sometidas luego a condiciones de esclavitud mediante la violencia física y psicológica. Este viaje al horror conduce a las víctimas a una prolongada explotación sexual, cuyo desenlace puede ser la detención, un peligroso escape o la muerte. Mientras tanto, el negocio de la trata entre los dos países continúa siendo rentable y los criminales permanecen impunes.

Las ofertas de trabajo engañosas suelen ser una de las estrategias de captación que utilizan con más frecuencia estas bandas criminales, una carnada infalible en un país que registra una pobreza del 94 por ciento, según una encuesta de 2020 realizada por la Universidad Católica Andrés Bello. La situación económica motivó una migración sin precedente del 18 por ciento de la población, un total de 5,5 millones de venezolanos en los últimos seis años, según datos de la Organización de Naciones Unidas para los Refugiados.

Seguidamente detallaron:

-Lilia les dijo a sus padres que iba a casa de una amiga, a una fiesta. Aquella noche de principios de noviembre de 2019, la adolescente salió solo con una pequeña cartera. Su salida no despertó en Jorge, su padre, ninguna sospecha, pero las dudas aparecieron cuando después de algunas horas no regresó a casa.

Los días siguientes, enviaba a sus allegados por Facebook mensajes que intentaban ser tranquilizadores, "con una información muy vaga, no decía ni dónde ni con quién estaba", según cuenta Jorge. Hacía pensar que estaba en Colombia o que iba rumbo hacia allá, pero no daba ningún dato que permitiera ubicarla. Solo después de tres semanas su padre recibió una llamada telefónica que confirmó sus peores miedos: su hija había sido detenida en una redada policial en Cunupia, en Trinidad y Tobago, junto a decenas de adolescentes que iban a ser explotadas sexualmente.

Posteriormente destacaron:

-Cerca de 50 mujeres víctimas de trata estaban encerradas en distintas habitaciones en un bar en la región de Chaguanas, y en una casa ubicada en el sector Diego Martin, al noreste de la isla, según publicaron medios de comunicación. Eran una especie de "centros de acopio", desde donde las mujeres iban a ser distribuidas en varios locales nocturnos en la isla, según los reportes. Como Lilia, había otras adolescentes venezolanas de El Furrial, otra población del Estado Monagas, y de Maracay, Estado Aragua.

Los chats de Facebook, que su padre pudo revisar tiempo después, dan cuenta de que su captadora convenció durante meses a Lilia de emprender ese viaje. El perfil en Facebook de esta reclutadora de las redes de trata muestra a una chica muy joven con una red de amigos de más de 2.600 personas. En esa lista figuran cientos de nombres de adolescentes, principalmente estudiantes de distintos liceos y centros universitarios localizados en Maturín, aunque también de diferentes ciudades del oriente del país.

Más adelante precisaron:

-Una oferta de trabajo engañosa fue el mismo anzuelo que captó a Zurima, de 29 años, habitante de Petare, Caracas. Ella y otra mujer fueron reclutadas en 2019 por un hombre que se hacía llamar Jonathan. Zurima tenía para ese entonces un cargo de ejecutiva de ventas telefónicas de una empresa de encomiendas, pero el sueldo que cobraba —en ese momento el salario mínimo en Venezuela era equivalente a menos de 6 dólares—, era insuficiente para cubrir sus gastos, especialmente los de su padre, que estaba enfermo y vivía en el Estado Sucre.

Ella relató:

-Yo le mandaba medicamentos a mi papá, pero no podía con todo. Teníamos a Jonathan, nuestro amigo, que nos decía que le iba bien en construcción allá en Trinidad y Tobago. Yo hasta conocía a su familia, a su novia. Siempre nos habló de que había oportunidad de trabajo limpiando casas, o en bares, o restaurantes. Hasta que nos comentó la oportunidad de cuidar a la mamá de un trinitario, quien nos dijo que era un hombre serio.

Al final del reportaje indicaron:

-Para viajar hasta Trinidad ellas debían trasladarse a Güiria, también en el oriente del país, desde donde tomarían un peñero que las llevaría a la isla. El pasaje les costaba a las dos amigas 500 dólares, pero ellas lograron reunir solo la mitad. El resto iba a ser cubierto por su empleador, acordaron ellas con el hombre que capitaneaba el bote que desembarcaría en la isla. Pero una vez que llegaron a destino, su supuesto empleador anunció que no cancelaría el monto en su totalidad, así que los capitanes les retuvieron los pasaportes, que nunca recuperaron. Ya entonces, sin siquiera sospecharlo, se habían convertido en rehenes de una banda de trata.

(Este reportaje fue publicado en el portal La Patilla)

MIGRANTES EN LA REPÚBLICA DOMINICANA

El 18 de octubre de 2022, según datos publicados en la Web, alrededor de 115.283 venezolanos residían forzosamente en la República Dominicana, tras huir de la narcodictadura de Nicolás Maduro que sumió a nuestro país en la miseria, con el salario mínimo más bajo del mundo, un sistema de salud deteriorado, estigmatización de los políticos y líderes sindicales adversarios al régimen que son tratados como enemigos externos, mediante el uso extremos de las fuerzas de exterminio militares y civiles, vale decir, Servicio Bolivariano de Inteligencia Nacional, Cuerpo de Investigaciones Científicas, Penales y Criminalísticas, Dirección General de Contrainteligencia Militar y los llamados Círculos del Terror, hambre, corrupción institucionalizada y una educación que forma analfabetas funcionales.

Cuatro días después, en Diario Libre, de Santo Domingo, Graciela Cuevas reseñó al efecto que algunos migrantes venezolanos enfrentan barreras para poder ejercer su profesión en ese país y reveló que "A pesar de que las mujeres tienen un nivel educativo afín al de los hombres, presentan mayores dificultades".

Además, indicó que "Más de la mitad (el 57.54 %) de los migrantes venezolanos en la República Dominicana cuenta con títulos de nivel terciario o superior según los datos del

´Estudio de impacto económico de la migración venezolana en la República Dominicana: realidad vs. potencial´, lo cual "los convierte en un sector poblacional que puede "ser muy productivo" y "se encuentra capacitado" para insertarse en el ámbito laboral de forma efectiva".

Asimismo, señaló que el documento en cuestión fue elaborado por Equilibrium Social Development Consulting para las cámaras de Empresarios Venezolanos en el Exterior (CAVEX) y la de Empresarios Panameña Venezolana (CEPAVEN).

Es justo señalar que en abril de 2021 abrieron oficinas en ese país para la regularización de estatus migratorio irregular, 89.7% de los 114.050 venezolanos existentes a la fecha, según cálculos de la Dirección General de Inmigración.

MIGRACIÓN DE ENFERMOS CON VIH

El 6 de mayo de 2021 el portal La Patilla, con información de la periodista Carolina Alcalde, de Voz de América, reportó:

-Para un sector de la población, las dificultades para acceder al diagnóstico y tratamiento de VIH se ha convertido en una de las motivaciones para salir de Venezuela, revela un informe del Centro de Derechos Humanos de la Universidad Católica Andrés Bello (UCAB), que evaluó la situación de la salud física y mental de personas migrantes y refugiadas venezolanas en relación con su orientación sexual o identidad de género.

Y agregó:

-Al respecto, Alberto Nieves, director de la organización Acción Ciudadana contra el SIDA y entrevistado para el desarrollo de la investigación, explica que en Venezuela la asistencia a pacientes con el virus ha disminuido dramáticamente.

"Desde el año 2016, el gobierno venezolano no compra tratamientos antirretrovirales, ni ha procurado recursos para adquirirlos. Una situación sumamente grave que ha impactado en la calidad de vida de pacientes, del aumento de muertes, de personas que se quedaron sin tratamiento antirretroviral", manifestó.

Posteriormente indicó:

-Acción Ciudadana contra el SIDA estima que entre 8.000 y 10.000 personas que viven con VIH han abandonado Venezuela, pero, según el informe, en los países receptores también surgen obstáculos para acceder al sistema de salud.

"En algunos países las personas con VIH pueden enfrentar dificultades para acceder al sistema de salud debido a un excesivo formalismo en el manejo de los protocolos de atención general y en lo que se refiere a personas que viven con VIH en particular. Además, se observa discriminación debido a la nacionalidad o de la condición migratoria", destaca el texto.

Seguidamente señaló:

-Frank Rangel, miembro de la organización Caribe Afirmativo en Colombia, relata que una persona migrante que llega a un hospital solicitando "ayuda médica" es atendido, pero con un trato no amable al identificar que la persona es ciudadana o ciudadano venezolano. "Usan la no regularidad para negar acceso a los servicios".

De igual modo advirtió:

-Si bien en los países receptores de población venezolana existen políticas públicas para atender a personas que viven con VIH, así como normas que garantizan la no discriminación por motivos de orientación sexual o identidad de género, "no existen suficientes protocolos diferenciados orientados a dar respuesta a las necesidades específicas de la población LGBTI migrante y refugiada", detalla el informe.

La investigación concluye que "la discriminación y la violencia son mayores hacia las personas LGBTI en situación de movilidad, con respecto a la población local" y añade que las expresiones de discriminación y violencia se manifiestan durante el trayecto y en el país de destino, "siendo los funcionarios policiales militares y migratorios, así como los grupos armados irregulares los principales agentes de vulneración de derechos".

A la fecha, según ACNUR, más de 5 millones 400.000 venezolanos habían salido del país huyendo de "la violencia, la inseguridad y las amenazas, así como la falta de alimentos, medicinas y servicios esenciales".

LA AREPA MIGRÓ CON LOS VENEZOLANOS

La migración forzada que generó la narcodictadura de Nicolás Maduro incluyó en su ligero equipaje al exterior la popular arepa, pan de maíz típico de Venezuela, presente en nuestra culinaria.

Muchos migrantes han encontrado en su producción y comercialización un medio de vida estable, como lo señaló TalCual el 12 de junio de 2023 en el reportaje "¿Viuda, reina o sifrina? Las muchas caras de la arepa venezolana" que documenta el presente capítulo.

Ilustración 4.- Foto de Philip FONG / AFP

-De Caracas a Tokio, -señala el reportaje al inicio- pasando por Nueva York, París y Hong Kong, en puestos callejeros y restaurantes gourmet… La arepa, un plato a base de maíz, "conquista el mundo" impulsada por el éxodo de venezolanos que escapan de la crisis y el creciente mercado "gluten free".

Se prepara mezclando harina de maíz precocida, sal y agua. Luego se le da forma circular con las manos y se cuece durante pocos minutos en una plancha o sartén.

Cabe indicar que la arepa, cuando su producción no había sido industrializada gracias a la aparición de la harina precocida de la mano del ingeniero Luis Caballero Mejías, el maíz se pilaba en un pilón hecho con el tronco de un árbol, luego de lo cual se hervía y posteriormente se molía en un molinillo de metal. Al molerse, se amasaba y entonces se hacían las arepas que eran cocinadas en un budare o aripo de barro

Los rellenos que pueden acompañarla son una invitación a la creatividad. Desde las sobras en la nevera hasta preparaciones más elaboradas como la "reina pepiada", la favorita de muchos venezolanos, con pollo, aguacate y mayonesa.

Luego precisó:

- "Muchos me preguntan: ¿Cómo ves la arepa en el mundo? Y la veo conquistándolo", afirma el crítico gastronómico venezolano Ricardo Estrada Cuevas, autor del libro "Arepólogo: pan nuestro de cada día".

"Donde hay un venezolano, hay una arepa", asegura.

"La comen todos los días, todas las noches", dice Patrick Ribas, traductor del libro. "Puedes ponerle muchas cosas ricas, cuando quieras (…) pero también puedes comerla sin nada cuando no tienes mucho dinero".

Seguidamente apuntó:

Más de 7 millones de venezolanos -de una población estimada en 30- abandonaron el país por una crisis que comenzó en 2014 y que contrajo el 80% de la economía. Y se han llevado la arepa en sus maletas.

Asimismo, indicó:

-Principio del formulario
Final del formulario
El cocinero Alfredo López prepara arepas en la cocina del restaurante 'Arepa Lady' en el distrito de Queens de la ciudad de Nueva York

La abogada Marlyn Quiroga, de 47 años, emigró hace cinco años a Nueva York, donde empezó "haciendo de todo, como todos los emigrantes que llegan", pero ahora se dedica a la cocina. Ofrece el servicio de catering "Arepa La Newyorquina", cuando antes "no sabía ni freír un huevo".

Comenzó "tocando puerta por puerta en Queens: en salones de belleza, consultorios médicos, oficinas (…) daba muestras para que probaran. Si los árabes empezaban así en Venezuela, vendiendo sus productos puerta por puerta, ¿por qué no lo vamos a hacer nosotros aquí?", reflexiona.

Asegura que en las fiestas de Nueva York prefieren las arepas frente al pan, pues son "gluten free".

Después destacó:

-En París, Jean-François Lamaison ve la arepa como "un cambio frente a las hamburguesas que se encuentran en todas partes". Este hombre de 63 años es el diseñador digital del restaurante "Ajidulce – Le goût du Venezuela" que promueve con un cartel la "Arepa Power".

"Tiene el mérito de ser una tortita de maíz con cosas muy buenas (…) Me gusta la diversidad de sabores", dice.

El dueño del restaurante, Luis Fernando Machado, un ingeniero petrolero venezolano originario de Punto Fijo (en el noroeste de Venezuela), dice que ofrecen "cosas caseras con productos frescos".

"Da gusto", agrega haciendo énfasis en que se abastece con víveres exóticos (colombianos, africanos, antillanos) en París.

Salió de Venezuela en 2011, cuando abandonó su trabajo en el sector petrolero, y en 2014 lanzó un "food truck" de gastronomía venezolana. Ayudado por el éxito, ahora también tiene un pequeño restaurante en el distrito 9 de París que emplea a una decena de personas.

"Los parisinos son buenos clientes, les gusta descubrir comida exótica y esto es como dar un pequeño viaje al Caribe, a Venezuela", explica Machado, cuya cocina está abierta para que "los clientes puedan ver la preparación".

También afirma beneficiarse del creciente deseo de productos sin gluten. "A los clientes les interesa tener una comida completa sin gluten. Vienen muchos turistas (…) porque estamos bien referenciados entre los restaurantes sin gluten".

Seguidamente detalló:

-El venezolano Raúl Márquez vende arepas, desde su camión de comida en Tokio, Japón.

Ilustración 5.- Foto de Philip FONG / AFP

Que la arepa sea un alimento libre de gluten ha sido un beneficio para Raúl Márquez, un venezolano de 42 años que, junto a su esposa Miho, logra atraer a los consumidores en Tokio destacando esa característica: "Comida callejera saludable y sin gluten", se lee en un aviso de su camión de comida.

Márquez se formó como abogado y se fue de su país para aprender a hacer snowboard en Canadá. También fue instructor de surf de invierno en Hakuba, en Japón, pero ahora el camión de comida ocupa la mayor parte de su tiempo. Los japoneses acuden a comer este plato exótico.

"Venezuela ha pasado por un momento difícil (…) hay una emigración fuerte. Traemos con nosotros parte de lo que nos pertenece. Las arepas son parte de eso. Para mí, una arepa es mi madre. Es comer en la mañana antes de ir a la escuela (…) eso es lo que le pongo hoy cuando vendo arepas: esta pasión, este amor que viene de casa", dice.

Al final del reportaje se afirma que nuestra arepa ya forma parte de la mesa de los cinco continentes y suministra las recetas más exitosas, a saber:

—Viuda: Sin relleno, ideal para acompañar una sopa o un guiso.

—Reina pepiada: Pollo desmenuzado con mayonesa y aguacate. Es considerada la más popular y hay quien dice que su nombre es un homenaje a Susana Duijm, la primera venezolana en ganar el Miss Mundo, en 1955. En ese entonces se decía que una mujer era "pepiada" si tenía curvas marcadas.

—Sifrina: Como normalmente se le llama a alguien "pijo" o "fresa" en Venezuela. La receta es la misma de la Reina pepiada, pero con un añadido de queso amarillo rallado.

—Rumbera: La que hay que comer al salir de la discoteca. Es elaborada con carne de cerdo y queso gouda rallado.

—Pelúa: El "pelo" es la carne de res mechada (deshebrada o deshilachada) que sobresale, además de queso rallado.

—Catira: El término es usado para referirse a las rubias. Es pollo desmenuzado con un queso amarillo como cheddar o gouda.

—Dominó: Frijoles negros y queso blanco rallado.

—Rompe colchón: Hace referencia a las supuestas virtudes afrodisíacas del marisco con que se rellena.

—Agüita de sapo: Su nombre no hace alusión a las ancas de rana, más bien es preparada con la pierna de cerdo y rociada con los jugos de la cocción. Una especialidad de la ciudad de Maracaibo (estado Zulia, oeste).

–Musiúa: Usa el término con que se llama en Venezuela a los extranjeros, en especial a los norteamericanos: musiú. Está rellena con una hamburguesa de carne, lechuga, tomate y queso.

PANFLETOS AMENAZANTES CONTRA MIGRANTES EN BUCARAMANGA

El 1 de agosto de 2019 Noticiero Digital, con información de la agencia de noticias EFE reportó:

-Bogotá, 1 ago.- Las autoridades colombianas abrieron una investigación por varios panfletos que circularon en la ciudad de Bucaramanga, capital del departamento de Santander (noreste), con amenazas contra los venezolanos que se han radicado allí.

Y agregó:

-El comandante de la Policía de Bucaramanga, general Manuel Vásquez, dijo a periodistas que las autoridades investigan quiénes son los autores del panfleto que está firmado por "Las Águilas Negras", una organización criminal que según dijo fue "desarticulada hace mucho tiempo".

En el panfleto también se amenazó a quienes "acojan" a los venezolanos y se les dio 48 horas a aquellos que han comerciantes que tengan empleados de ese país para que los reemplacen.

Luego indicó:

-Al respecto, Humberto Calderón Berti, embajador en Colombia de Juan Guaidó, jefe del parlamento venezolano y reconocido por 54 naciones como presidente interino del país, pidió a las autoridades colombianas iniciar "una investigación al respecto que permita establecer las responsabilidades a las que haya lugar".

"Agradeceríamos que las autoridades competentes (...) tomen las medidas de seguridad necesaria para impedir que se ejecuten acciones contra la integridad física de ciudadanos colombianos o venezolanos que conviven en ese territorio", agregó Calderón en una carta enviada al canciller del país cafetero, Carlos Holmes Trujillo.

El representante de Guaidó agregó que uno de los panfletos fue pegado en la puerta de la fundación "Entre Dos Tierras", que se dedica a "proporcionar alimentos a ciudadanos venezolanos que están de paso por Bucaramanga o que se han establecido en esa ciudad".

Por su parte, la entonces vicepresidente colombiana, Marta Lucía Ramírez, manifestó a periodistas que el Gobierno rechaza "de manera contundente" ese panfleto y resaltó que la posición del Ejecutivo es de "solidaridad y acompañamiento" con los migrantes venezolanos.

Luego señaló:

-Queremos ser muy enfáticos: cualquier amenaza contra la vida de la población venezolana o colombo-venezolana constituye un delito. Por tanto, los responsables de esos panfletos tendrán que afrontar consecuencias judiciales.

Entre tanto, Andrés Martínez de Migración Colombia envió a un equipo para que se reúna con las autoridades regionales para revisar la situación.

-No vamos a permitir –precisó- que unos cuantos afecten la seguridad y la tranquilidad de la ciudadanía. La gran mayoría de los venezolanos son personas de bien, personas que han tenido que migrar por necesidad y han llegado a Colombia con la esperanza de tener un futuro", acotó el director encargado de Migración Colombia.

Cabe destacar que, según cifras de la ONU, a la fecha 3,3 millones de personas habían abandonado Venezuela desde enero de 2016 y de ellas 1,3 millones están en Colombia, a donde llegan en busca de un mejor futuro pues su país está inmerso en una crisis social, económica y política.

EL INCREMENTO DE LA XENOFOBIA CONTRA LOS VENEZOLANOS EN AMÉRICA LATINA

Lo insólito del odio hacia los venezolanos forzados a emigrar por la narcodictadura de Nicolás Maduro, es que estos eventos se produzcan en países cuyos ciudadanos fueron recibidos con los brazos abiertos en Venezuela cuando enfrentaban calamidades políticas o económicas.

Pero así paga el Diablo, sentencia la sabiduría popular. El 15 de mayo de 2021 la Agencia de Noticias France Press analizó ese fenómeno en el reportaje "Por mí que los saquen como ratas: La xenofobia contra los venezolanos incrementa en América Latina".

Creo que ese odio hacia la migración venezolana debe calificarse como aporofobia, porque antes de la crisis humanitaria inducida por la narcodictadura para imponer en la población su siniestro proyecto político los venezolanos viajaban a

todas partes y eran bien recibidos ya
que la economía de los países
visitados crecía con el dinero que
gastaban en los sitios visitados

El texto periodístico comenzó así:

-"¿La verdad sobre los venecos? Por mí que los saquen como ratas". Ese tuit es sólo uno de los mensajes destacados por el barómetro de xenofobia, una herramienta creada por universitarios y oenegés en Colombia para medir el "odio" contra los migrantes venezolanos. El contenido aterra.

"Comemierdas", "hijos de puta", "plaga" fueron otros de los insultos identificados por este medidor. El rechazo hacia los venezolanos que han emigrado masivamente en los últimos años crece en toda América Latina en un contexto económico sombrío y la pandemia del coronavirus.

Y continuó:

-Las salidas comenzaron luego de la elección de Nicolás Maduro, el heredero de Hugo Chávez tras su muerte en 2013, y se intensificó entre 2014 y 2015, con una crisis económica que arruinó el poder adquisitivo y llevó a más de cinco millones de venezolanos a abandonar el país en busca de mejores condiciones.

La versión oficial de la muerte del
teniente coronel (retirado) Hugo
Chávez refiere que se produjo el 5 de
marzo de 2013. La no oficial la sitúa
el 28 de diciembre de 2012, en La
Habana. Por otro lado, a la fecha de
redacción de este capítulo, 13 de
junio de 2023. el éxodo venezolano
superaba los siete millones, con
tendencia a subir cada día

El flujo se ha ralentizado, pero no se ha detenido al transitar el octavo año de recesión económica en la otrora potencia petrolera.

Luego destacó:

-"En principio había una inmigración de clase media alta, que iba en avión con documentos en regla, algún ahorro", explica a la AFP Claudia Vargas, socióloga que investiga el tema en la Universidad Simón Bolívar de Caracas.

"No ocurre así desde el final de 2014" cuando clases más pobres comenzaron a emigrar.

Cerca del 60% de los más de 5,4 millones de migrantes venezolanos no tienen papeles. Y la mayoría, unos 1,7 millones, vive en Colombia, por delante de Perú, Chile y Ecuador, según el sitio Frontera Viva.

"Lo peor es Perú".

"venecos" ahora son responsabilizados por la inseguridad, la delincuencia, el desempleo, los déficits públicos, los problemas en los hospitales, y hasta por el aumento en los divorcios.

Y el discurso xenófobo se ha ido imponiendo en Chile, Ecuador, Brasil y Perú, además de Colombia, donde el barómetro ha hecho un análisis de los insultos.

Seguidamente citó:

-Juan Emilio L., un indocumentado venezolano de 31 años, terminó instalándose en Chile, tras pasar por Colombia, Ecuador y Perú.

-"Es un pueblo más cerrado y está difícil sacar papeles, pero la verdad es que te dejan trabajar y no se meten contigo ni te repudian como sí me pasó en otros países", dice a la AFP. "El peor, Perú, ahí no nos quieren ver ni en pintura".

Y señaló igualmente:

-Videos de peruanos insultando a venezolanos circulan con frecuencia en redes sociales.

"¿Por qué eres tan idiota para transportar las 'huevadas'? Eres un imbécil, un idiota", le dice por ejemplo un cliente a un repartidor venezolano en Lima, según uno de ellos.

"Estoy harto de ustedes (...) ¿Quieres que te mande de un combo (puñetazo) a tu puto país, hijo de puta?".

Perú, que tenía 60.000 venezolanos antes de la crisis, ahora alberga a unos 1,2 millones.

Chile por su parte ha deportado a cientos de venezolanos en situación irregular.

Al respecto, la antes citada Claudia Vargas expresó:

-"Devuelves a una persona a un país (...) que has reconocido en tu discurso político que corren peligro en su país".

También se refirió al cierre de las fronteras y puso como ejemplo la militarización de la frontera en Ecuador o los "muros legales", como documentos apostillados o altas tarifas administrativas, que dice han impuesto muchos países para dificultar la regularización.

Lo que a su juicio lo único que genera es que haya mayor irregularidad y por tanto más personas en condiciones de vulnerabilidad.

Consideró de igual modo que "Hay un reconocimiento de la crisis", que "amerita una responsabilidad añadida", aunque lo ideal sería otorgar el estatus de refugiados a estos inmigrantes, lo cual representa "una responsabilidad legal, política y financiera demasiado grande que los países no tienen".

UN ESTUDIO REVELADOR SOBRE LA DIÁSPORA

El 5 de agosto de 2019 el portal El Pitazo reportó:

-Caracas. Más de la mitad (53,6%) de las personas que emigran de Venezuela son jóvenes de 18 a 29 años, revela el II Estudio sobre Movilidad Humana de Venezolanos Realidades y Perspectivas de quienes emigran.

Y añadió:

-Sin embargo, la migración de este grupo etario ha disminuido en comparación con 2018, cuando alcanzó 73,6%, indica el informe.

La investigación, que se adelantó del 8 de abril al 5 de mayo de 2019, con una muestra de 12.957 venezolanos, arroja además que la mayoría de las personas que huye de Venezuela (53%) son solteras y 20% casadas.

Ilustración 6.- Foto: EFE

Luego indicó:

-Las razones por las cuales emigran quienes participaron en el estudio, son diversas, pero en especial, mayoritariamente se vinculan a la ausencia de condiciones que le permitan disfrutar de una vida digna con plenitud de derechos y condiciones en las que puedan estudiar, trabajar y obtener los beneficios de su esfuerzo, subraya el documento.

Esta investigación fue adelantada por el Grupo de Altos Estudios de Frontera (Alef), de la Universidad Simón Bolívar, en colaboración con la Universidad Católica del Táchira (Ucat), Universidad Católica Andrés Bello (Ucab), el Servicio Jesuita a Refugiados (SJR-Venezuela), Centro Gumilla y el Observatorio de Investigaciones Sociales en Frontera (Odisef).

(La fotografía que ilustra este capítulo pertenece a EFE)

¿ESTÁ SUDAMÉRICA CERRANDO SUS PUERTAS A LOS VENEZOLANOS?

El 8 de agosto de 2019 el portal VenezuelaSinCensura, con información de la agencia Reuters, reportó:

-Decenas de miles de venezolanos que huyen de los problemas de su país enfrentan nuevos viajes peligrosos y corren el riesgo de caer en manos de bandas criminales por las restricciones de tres países sudamericanos al éxodo masivo, dijeron expertos y Naciones Unidas.

El colapso económico de Venezuela ha desatado la mayor crisis migratoria en la historia reciente de América Latina, que ha llevado a que desde 2015 uno de cada 10 venezolanos deje el país.

Luego aseguró:

Se espera que otros 500.000 salgan en los próximos seis meses, para llegar a un total de 5 millones, según estimaciones de la ONU.

Ahora su viaje a una nueva vida aparece cargado de una serie de nuevos peligros: fronteras llenas con traficantes de personas, terrenos montañosos y selva, además de la explotación por parte de bandas criminales.

Para evitar los controles fronterizos, es probable que los migrantes recurran a senderos ocultos, conocidos como trochas.

Sobre este punto Jessica Bolter, analista asociada de políticas en The Migration Policy Institute, un grupo de expertos con sede en Washington dijo:

-Los cruces irregulares son mucho más peligrosos debido a la geografía y el paisaje y los grupos que los controlan.

El portal añadió:

-América del Sur había sido hasta ahora elogiada por mantener en gran medida sus fronteras abiertas a los migrantes y refugiados venezolanos, de los cuales aproximadamente 3 millones se han asentado en toda la región.

Sin embargo, hay señales de que la solidaridad está disminuyendo.

Las nuevas restricciones de entrada en Chile, Perú y, más recientemente, en Ecuador han generado el temor a que la política de puertas abiertas esté terminando.

Al respecto la analista Bolter destacó que "Definitivamente, ha habido un cambio de estos países para cerrar algunas vías a los venezolanos", por cuanto "realmente no estaban preparados", y "Ciertamente, ha abrumado a algunos de los sistemas".

El portal igualmente señaló que las restricciones, impuestas por Perú y Chile en junio y por Ecuador en julio, podrían empujar a los migrantes a terrenos difíciles y riesgosos.

Sobre este aspecto, dijo William Spindler, portavoz de América Latina de la agencia de la ONU para los refugiados (ACNUR), que las personas que están tratando de cruzar el bosque se están poniendo en peligro", ya que "Grupos criminales, comunes en la frontera entre Colombia y Ecuador y en la de Colombia con Venezuela, atacan a los inmigrantes indocumentados para explotarlos laboral y sexualmente".

Spindler explicó también que "Algunos de estas son redes criminales y grupos armados que sabemos que a menudo se aprovechan de refugiados y migrantes", asimismo, "hay contrabandistas que operan en estas áreas y, por lo tanto, están obligando a las personas a ponerse en manos de los contrabandistas".

De igual refirió que "En la frontera norte de Colombia con Venezuela, las bandas cobran a los migrantes por llevarlos por caminos clandestinos y evitar a las autoridades".

Por su parte, Iván Briscoe, director del programa para América Latina y el Caribe de International Crisis Group, un centro de estudios aseveró que "Cuantos más controles se introduzcan, mayores serán los márgenes de ganancias para los grupos de tráfico de migrantes y también mayores serán las oportunidades de los grupos criminales".

Posteriormente el portal puntualizó:

-En Ecuador, un decreto de julio exige una visa a los venezolanos, que antes solo necesitaban documentos de identidad para entrar.

Chile y Perú ahora piden que los venezolanos tengan pasaporte y visa, documentos que muchos no tienen o no pueden pagar.

Los venezolanos que buscan asilo, sin embargo, aún pueden pedirlo sin pasaporte, según el derecho internacional.

EN EL PRIMER SEMESTRE DE 2019 ASESINARON A 233 MIGRANTES VENEZOLANOS EN COLOMBIA

El 25 de agosto de 2019 TalCual reportó:

-Noticias Caracol dio a conocer un informe de Medicina Legal de Colombia que da cuenta que en los primeros seis meses de 2019 fueron asesinados 233 venezolanos en ese país.

Y agregó que el referido documento reveló que al menos un migrante es ultimado cada día en el país vecino.

-Los resultados del informe del instituto forense, divulgados por Noticias Caracol, -explicó-revelan que, entre enero y julio de 2019, 233 venezolanos fueron asesinados en territorio colombiano. De ellos, 206 eran hombres y 27 eran mujeres.

Según analistas, la situación tiene varias causas, incluidas estas dos: el nexo entre algunos migrantes con estructuras delincuenciales y la falta de protección de las comunidades vulnerables.

Sobre el particular señaló Jeisson Camacho, experto en políticas públicas, que "No generar empleabilidad, o un acceso a unas condiciones, hace que un gran número de ellos estén atados a unas dinámicas delincuenciales, pero también hay unos elementos de xenofobia en el país que acentúan esto".

Por su parte Fabián Sanabria, sociólogo de la Universidad Nacional, aseguró que "Hay una subutilización de su fuerza laboral y esto me parece que es un atentado contra la humanidad de ellos".

TalCual, que tomó la información del diario Panorama, de Maracaibo, detalló igualmente que los departamentos en los que más homicidios de ciudadanos venezolanos se registraron desde 2004 hasta 2018, según datos de Medicina Legal, fueron Norte de Santander, con 182; Antioquia, con 73, y Guajira, con 67.

También señaló que el mismo informe destacó que, en relación con la violencia interpersonal, van 1.974 ciudadanos venezolanos afectados en lo corrido de 2019.

VENEZOLANDA, LA CAPITAL VENEZOLANA EN QUITO

El 12 de junio de 2019 El Correo Financiero dio a la publicidad un reportaje sobre una comunidad de migrantes venezolanos establecida en los suburbios de la capital de Ecuador, Quito.

Se trata de "Venezolanda" o "Solanda", residencia de los venezolanos más humildes, quienes residen, en casas minúsculas y se ayudan con la economía informal del Mercado Mayorista que les permite reunir cierta cantidad de dólares.

-Se encuentra –indicó- al sur de Quito. En el pasado, también recibió a colombianos, cubanos y migrantes internos del país. Se trata de uno de los barrios con mayor densidad poblacional. Se estima que tiene más de 100.000 habitantes. No obstante, el diseño original de la década de los 70 fue pensado para 20.000 personas.

Los dueños de las casas que allí se alquilan construyeron las viviendas basándose en un plan populista llamado "Pan, techo y empleo". Los venezolanos llegan a Solanda en busca de esos espacios mínimos, que se alquilan entre los 150 y 250 dólares y, casi siempre, los comparten con otros.

Asimismo, atienden el llamado de la economía informal del Mercado Mayorista que representa una fuente de ingreso. Se manejan "haciendo el semáforo", es decir, venden caramelos, frutas, empanadas o tabacos en los semáforos. También trabajan como "caleteros" o cargadores.

Seguidamente apuntó:

-El barrio también cuenta con historias inspiradoras de migrantes que conforman negocios propios, convirtiéndose en embajadores de sus paisanos.

Antonio Morris, su esposa Luz Marina y sus tres hijos forman parte de la Venezolanda que hace lo necesario para sobrevivir y salir adelante. Llevan ocho meses viviendo en el barrio, en un piso alquilado por 230 dólares. La vivienda es de un ecuatoriano que emigró a Estados Unidos (EE. UU) y generó empatía con ellos.

La familia vivía de lo que Antonio ganaba vendiendo limones en un semáforo. Ahora, venden empanadas a sus paisanos en el Mercado Mayorista. La rutina de los Morris empieza a las 3:00 am, porque las empanadas tienen que estar listas para la hora del desayuno. Termina 12 o 14 horas más tarde, cuando venden las 25 o 30 empanadas que preparan diariamente.

Y agregó:

-Todos ayudan en el negocio familiar. Antonio y su hijo de 10 años se encargan de las ventas en la calle; Luz Marina y la hija de 16 años, de los fogones.

"Esto es duro, pero cuando quiero desmayar golpeó con fuerza la masa y digo por mis hijos, por el alquiler, por la visa…", confiesa Luz Marina.

Antonio se ha tenido que enfrentar a la discriminación. Algunos de los nativos les han reiterado que se vayan a su país.

"Sé que estoy trabajando honradamente, por eso siempre les respondo con educación y no dejo que me provoquen", aseguró.

Su meta, como familia, es arreglar los documentos, buscar colegio para sus pequeños y abrir un negocio en Solanda. Aún no saben con exactitud cómo lograrán el último objetivo, pero cuando lo hagan se llamará "Las empanadas de la abuela", revelaron. Esto se debe a que la idea millonaria surgió de la madre de Luz Marina, que acompañó a la familia en el viaje a Quito y, posteriormente, regresó a Valencia, Venezuela.

Posteriormente indicó:

-Douglas Romero forma parte de la comunidad venezolana en Venezolanda. Llegó al Mercado Mayorista por otro venezolano que le comentó que se parecía al Mercado Mayor de Coche, en Caracas, y que se trabajaba igual. Le aconsejaron ir a la medianoche. Comenzó cargando frutas y verduras.

"Vienen camiones pequeños que te llevan por todo el mercado haciendo las compras y te dan unos cinco o siete dólares y el desayuno", narró. Ahora trabaja de "caletero" en la sección de papas: Monta sobre su espalda los quintales del tubérculo que otros compran y recibe 10 centavos por cada bulto. También le pagan por clasificar o "clasear" las papas por 35 centavos el quintal.

A su juicio, es mejor trabajar allí, aunque literalmente se parta la espalda. Antes de ser entrevistado se ganó 90 dólares por dos días de trabajo, en los que tuvo que "clasear" 200 quintales de papas y luego montarlos en un camión.

El joven de 22 años, que no logró terminar su carrera en Guárico, carga hasta dos quintales de papas en su espalda.

"El trabajo es duro, por eso no lo quieren los ecuatorianos, pero nosotros vinimos a trabajar", confirma con una sonrisa en el rostro.

Sus dos hermanos mayores están también en Quito y se han despedido de sus profesiones para trabajar en fletes de mudanza y en hostelería. Solo uno de ellos ha logrado arreglar su condición migratoria y ha conseguido traer a sus hijos. El resto, se enfoca en trabajar y reunir unos 20 o 30 dólares semanales, para enviar a sus padres en Venezuela.

Luego destacó el caso de Rodolfo Yépez, ecuatoriano de nacimiento, venezolano de corazón, quien fue uno de los primeros venezolanos que se asentó en Solanda.

-Llegó al lugar –precisó- porque es comerciante y comenzó a ganar sus primeros dólares vendiendo productos de belleza. Aunque él se jura venezolano, es ecuatoriano de nacimiento. Nació en Guayaquil y emigró con sus padres a Venezuela cuando tenía dos años. Sin embargo, este hecho no cambia lo que él siente.

"Mi esposa es venezolana, mis hijos son venezolanos, yo me siento venezolano".

Tener papeles ecuatorianos representa una ventaja, pues le abrió algunas puertas. Sobre todo, al momento de emprender. Llegó hace tres años, y hace dos abrió una peluquería que lleva el nombre de su hijo más pequeño, Sebas.

Lo hizo con la ayuda de su familia y un grupo de amigos venezolanos que decidieron promover una opción de autoempleo para ellos mismos. Se apoyaron en una organización eclesial, la Misión Scalabriniana.

"Es talento venezolano como muchos que han venido a este país", dijo Rodolfo y agregó que en el grupo que frecuenta el salón de belleza hay muchos profesionales, pero casi nadie trabaja en lo suyo.

La peor parte para los migrantes, según Rodolfo, es la explotación laboral.

"Aquí lo malo es que hay mucho desempleo y se hace duro conseguir algo fijo, hay mucha gente que se aprovecha de eso y explota a los extranjeros. Yo he oído muchas historias, venezolanos que trabajan 15 días o un mes y no les pagan, les dicen que estaban a prueba y ellos no tienen a quién reclamar". (Este reportaje fue reproducido del portal Venepress, cerrado violentamente por las fuerzas de exterminio de la narcodictadura de Nicolás Maduro)

MÁS TRABAS PARA LOS MIGRANTES

Cortesía El Telégrafo

Un despacho de la agencia EFE, de fecha 26 de agosto de 2019, citado por el portal El Pitazo, reveló que los venezolanos se han convertido en uno de los grupos de desplazados más grandes del mundo, tras la aceleración del éxodo masivo a partir de 2016, y según la ACNUR hasta finales de 2018 unos 460.000 solicitaron formalmente asilo en el extranjero, en su mayoría en Latinoamérica.

Luego indicó:

-Ecuador se sumó este lunes a Perú, Chile y algunos países de Centroamérica que han impuesto restricciones a los venezolanos para ingresar a sus territorios, con el fin regular el flujo migratorio de esos nacionales que se ha convertido en el mayor éxodo en Latinoamérica.

El número de venezolanos que han abandonado su país por la crisis en su país ya supera los cuatro millones, según cifras de la Organización Internacional para las Migraciones (OIM) y la Agencia de Refugiados de las Naciones Unidas (ACNUR).

Ecuador, país que es usado de tránsito para los venezolanos, empezó exigir desde este lunes una visa humanitaria excepcional.

Un total de 13.110 venezolanos cruzaron las fronteras hacia Ecuador entre este sábado y domingo, justo antes de que entrara en vigor la medida en el país, donde más de 300.000 ciudadanos de ese país ya se encuentran radicados.

Ecuador se sumó este lunes a Perú, Chile y algunos países de Centroamérica que han impuesto restricciones a los venezolanos para ingresar a sus territorios, con el fin regular el flujo migratorio de esos nacionales que se ha convertido en el mayor éxodo en Latinoamérica.

Además, 2.459 venezolanos salieron de Ecuador este fin de semana, especialmente con destino a Perú por el paso de Huaquillas.

Seguidamente destacó:

-Perú exige a los venezolanos la visa humanitaria desde el pasado 15 de junio. Según las autoridades, han entrado al país unas 800.000 personas.

Esta medida contempla excepciones a los menores de edad y adultos en situación de extrema vulnerabilidad, las mujeres embarazadas y las personas mayores de 60 años, además, unos 495.000 ciudadanos ya cuentan con un registro para acceder al Permiso Temporal de Permanencia.

Chile cuenta con 288.233 personas procedentes de Venezuela, a quienes se les pide desde 2018 la Visa de Responsabilidad Democrática que permite una residencia temporal por un año.

Argentina con un total de 130.000 personas que huyen de Venezuela no exige ningún tipo de visa solo el pasaporte. Las autoridades reportaron que el número de solicitudes de asilo se disparó de 135 casos en 2017 a 883 en 2018.

Brasil, unos de los países que junto a Colombia son los que más reciben venezolanos, exige solo el pasaporte y de acuerdo con las últimas cifras cerca de 100.000 personas han ingresado al territorio, donde el año pasado 36.384 de esos ciudadanos obtuvieron permiso para trabajar.

Colombia, país que actúa como receptor y de tránsito, es el que más ciudadanos venezolanos tiene a lo largo de su territorio, quienes ingresan con o sin papeles por los diferentes pasos fronterizos, lo que ha generado una crisis social y sanitaria sin precedentes.

Según el Gobierno, hasta el 1 de agosto habían ingresado más de 1,4 millones de venezolanos, de esa cifra, 732.390 son regulares ya que tienen documentos que les permite estar legalmente y poder acceder a un trabajo.

El 5 de agosto pasado, el Gobierno anunció que otorgará la nacionalidad a unos 24.000 niños nacidos en suelo colombiano de padres venezolanos desde el 19 de agosto de 2015, medida que entró en vigor el 20 de agosto.

Estados Unidos tiene 700.000 venezolanos que han solicitado asilo durante los últimos cuatro años a pesar de las deportaciones que el año pasado llegaron a 336 personas.

Paraguay acepta los pasaportes vencidos de los venezolanos que llegan al país, dentro del Protocolo de Facilitación Migratoria para flexibilizar los trámites para obtener la radicación temporal de esos ciudadanos. Se han expedido casi 250 radicaciones y se estima que residen entre 1.500 y 2.000 venezolanos.

Guatemala con 5.000 venezolanos, Honduras (200), Panamá (36.000) y Costa Rica (39.000) desde 2017 empezaron a exigir visa consultada.

Nicaragua exigía la visa de turista, pero la medida fue suspendida en 2018 tras pasar a la categoría migratoria A (exento de visa) por decisión del presidente Daniel Ortega.

Bolivia solamente exige el pasaporte y es un país más de tránsito que de permanencia.

Uruguay aloja a unos 15.000 venezolanos y exige a quien llega solo el pasaporte.

Guyana registró que cerca de 36.400 nacionales de Venezuela se encuentran en su territorio y solo ha otorgado visas de turistas para una permanencia de tres meses.

En la misma fecha, Noticiero Digital, reportó:

-Luego de que se comenzara a exigir visa humanitaria para entrar a Ecuador, muchos venezolanos se han quedado varados y exigiendo, entre otras cosas, poder entrar porque en Venezuela "ya no tenemos nada, vendimos todo".

Y agregó:

-Es el caso de una venezolana que, con nieto en brazos y varada frente a la frontera de Colombia y Ecuador en Rumichaca, exclamó: "No tenemos marcha atrás, vendimos todo, no tenemos nada que hacer en Venezuela".

"Somos gente de paz, dígannos cuál es la manera, nuestros hijos están angustiados (…) En Venezuela no hay luz, no hay agua, hay escasez de comida, no hay energía, eso está ocurriendo, aunque no se vean las casas caerse, hay una guerra real y estamos huyendo".

ARRODILLADOS Y CON LA BANDERA DE VENEZUELA PARA INGRESAR A ECUADOR

El 27 de agosto de 2019 el Departamento de Prensa de Noticias de Cojedes reportó:

-Cientos de migrantes venezolanos se arrodillaron frente a los funcionarios de la Policía de Ecuador para que les permitieran entrar al país, ante la exigencia de visa que comenzó en vigencia el lunes en la medianoche. Con la cabeza sobre el asfalto y las manos protegiendo la frente, los migrantes cantaron consignas pidiendo a los uniformados permitir el ingreso.

Y agregó:

-Los funcionarios con los antimotines no se inmutaron ante la desgarradora escena. El lunes en la tarde los venezolanos impidieron el tránsito en el cruce fronterizo de Rumichaca, frontera de Ecuador y Colombia, ante la exigencia de visado.

DOS MÉDICOS VENEZOLANOS SE DESTACAN EN PERÚ

El 1 de septiembre de 2019 el portal Costa del Sol, con información de Punto de Corte, reportó:

-El médico venezolano, Yeison Rivero Moreno, egresado de la Universidad de Oriente, logró el primer lugar en el Examen Nacional de Medicina de Perú, requisito para ejercer la profesión en ese país.

Y agregó:

-La Embajada de Venezuela en Perú, a través de su cuenta en Twitter, dio a conocer que Yeison Rivero obtuvo un puntaje de 16.8 para ocupar la posición más alta, seguido de Ricardo Castro, también venezolano y médico egresado de la Universidad Central de Venezuela (UCV). Ambos jóvenes presentaron la prueba el pasado 25 de agosto.

Luego destacó:

-Cabe resaltar, que más de 600 médicos peruanos y de otras nacionalidades aplicaron al Examen Nacional de Medicina de Perú para optar a vacantes en el Servicio Rural Urbano Marginal de Salud.

Ambos médicos, se suman a la estadística de los cientos que han tenido que emigrar por distintas razones del país.

Según la Organización Panamericana de la Salud (OPS) y la Organización Mundial de la Salud (OMS), "en 2014 había 66.138 médicos en Venezuela", de los cuales, conforme a datos de la Federación Médica Venezolana (FMV) habrían emigrado al menos 22.500, cifra que representa aproximadamente un 33%.

VÍCTIMAS DE TRATANTES DE PERSONAS

El 31 de agosto de 2019 Maduradas, con información de El Pitazo reportó:

-Un grupo de venezolanos que viajó a Costa Rica en febrero de 2018 con promesas de empleo y buenas condiciones sociales, denunció ser víctima de trata de personas por parte de una compañía de transporte.

Y agregó:

-Los criollos hicieron la denuncia a través del Diario Extra de Costa Rica, donde Alejandro Moizán, se quejó de que el Consorcio Operativo del Este S. A. (COESA) les ofreció pasaje gratuito a ese país, transporte desde el aeropuerto hasta la sede de la empresa y hospedaje gratuito hasta que comenzaran a laborar.

También les prometieron alimentación, capacitación, seguro social, póliza de riesgos del trabajo INS, asociación solidarista, jornada laboral de ocho horas y un salario de 333.167 colones (aproximadamente 1.000 dólares), ahorro navideño, servicio de soda, estructura administrativa, entre otros beneficios.

Sin embargo, ninguna de las promesas fue cumplidas, les hicieron descuentos injustificados, les cobraron el pasaje a Costa Rica, jornadas de casi 20 horas, abusos y maltratos.

Luego precisó:

-Por esta razón, decidieron denunciar a los representantes de la empresa: Esteban José Ramírez Biolley, Cinthya Ramírez, Yorleny Ramírez Biolley, Orlando Ramírez, Romer Cruz y Luis Colmenares (quien los representa en Venezuela), "ante el Organismo de Investigación Judicial (OIJ), la cual se tramita en el expediente 18-000039-PE, por el presunto delito de trata de personas".

"A los choferes venezolanos que trajeron a Costa Rica los trasladaron a cuarterías, permanecían totalmente hacinados y en condiciones antihigiénicas, según puede verse en fotografías que ellos mismos entregaron a este medio de comunicación tras hacer las respectivas denuncias ante las autoridades judiciales y laborales", expuso el medio costarricense en la nota.

LOS MIGRANTES INDÍGENAS

El 4 de septiembre de 2019 el portal A Todo Momento, con información de la AFP, reportó:

-Filippo Grandi, alto comisionado de las Naciones Unidas para los Refugiados (ACNUR), denunció que existe un panorama "bastante trágico" con respecto a la situación de los indígenas venezolanos quienes consiguen menos oportunidades de integración e inserción económica, unos 1.800 que migraron a Brasil permanecen sin expectativas en refugios cerca de la frontera.

Y agregó:

-Grandi visitó en agosto los estados brasileños de Roraima y Amazonas, que albergan el mayor número de migrantes venezolanos. Antes abordó, entre otros temas, la cuestión indígena con ministros del presidente Jair Bolsonaro en Brasilia.

"Hubo mucho debate. Visité el refugio de indígenas en Boa Vista. Me entristeció porque está claro que ellos no forman parte del proceso de 'interiorización'", dijo a la AFP en una entrevista telefónica.

Tienen menos oportunidades que los otros refugiados de ser incluidos económica o socialmente. Es bastante trágico".

El portal reseñó más adelante:

-Cientos de indígenas venezolanos, principalmente waraos, han emigrado hacia Brasil desde 2016, cuando se agudizó la crisis económica en el país.

Los waraos, la segunda mayor población indígena de Venezuela, tienen que recorrer más de 800 kilómetros desde el noreste de su país, donde se asientan sus comunidades, hasta la frontera.

Desnutrición y una alta tasa de VIH complican su situación. Pemones y panares, del sur, también han comenzado a llegar a Brasil.

Tradicionalmente vulnerables en su propio país, en territorio brasileño enfrentan otros desafíos, como la lengua, pues no hablan portugués.
Por ahora la única alternativa, además de los refugios, es la venta callejera de artesanías o la mendicidad.

El 6 de febrero de 2023 un despacho de ACNUR datado en Brasil, suscrito por Benjamín Mast, reveló:

-Desde que diversas poblaciones indígenas refugiadas de Venezuela empezaron a llegar a Brasil en busca de protección internacional, la Agencia de la ONU para los Refugiados (ACNUR) ha sido precursora en acogerlas y brindarles protección. Más allá de la respuesta en las zonas fronterizas, ACNUR acompaña el despliegue de la movilidad de estos grupos en Brasil, desde la perspectiva de la garantía de los derechos y la preservación cultural, buscando consolidar medios para su integración socioeconómica.

Luego indicó:

-En noviembre de 2022, en Brasil había más de ocho mil personas indígenas procedentes de Venezuela, las cuales fueron registradas por ACNUR en varios estados brasileños (principalmente en Roraima, Amazonas y Pará). En su mayoría, estos grupos indígenas refugiados se componen de cinco etnias; las más representativas, en términos poblacionales, son la warao (70% del total) y el pemón (24%), seguidas de las etnias e'ñepá, kariña y wayúu. En esta página de ACNUR se detallan algunas características de cada grupo étnico.

"ACNUR ofrece protección a las poblaciones indígenas refugiadas adaptándose a sus particularidades étnicas y culturales, valorando sus conocimientos tradicionales, garantizando el acceso a sus derechos y buscando consolidar con los socios alternativas para su autonomía, siempre.

EL ASESINATO DE LAS MIGRANTES

El 4 de septiembre de 2019 el portal A Todo Momento dio a conocer un reportaje de la autoría de Diego Battistessa, del diario El País de España, en el cual su autor calificó de masacre silenciosa las venezolanas muertas en el extranjero.

-La emergencia –comenzó señalando el periodista- tiene múltiples facetas como feminicidio, violencia sexual, trata y esclavitud, violencia psicológica, xenofobia… Un mapa recopila todos los fallecimientos de los últimos años.

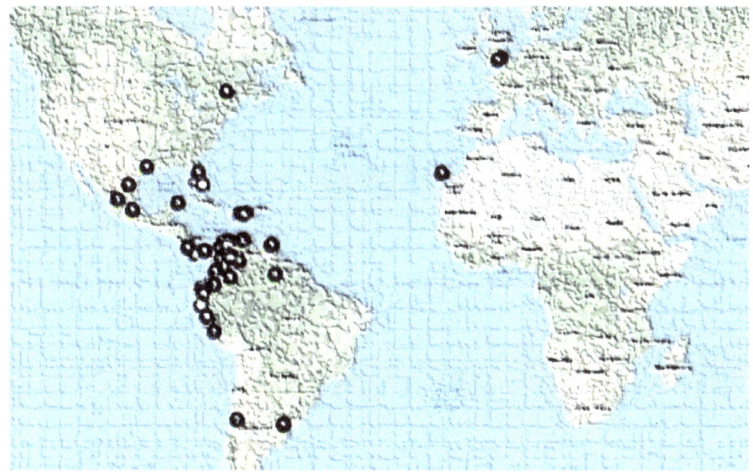

Una masacre silenciosa. Un derramamiento de sangre que se produce cada día. Es la de las mujeres venezolanas migrantes y refugiadas que fallecen en el extranjero. En este mapa interactivo están recogidos más de 120 casos, la mayoría en los últimos dos años y medio. Mujeres asesinadas cuando intentaban rehacerse una vida, muertas por accidentes mientras recorrían la región en su proceso migratorio, o que han visto en el suicidio la única salida a este drama humanitario que parece no tener fin.

Luego afirmó:

-Ciertamente estamos ante una emergencia con múltiples facetas como feminicidio, violencia sexual, trata y esclavitud, violencia psicológica, prostitución y explotación laboral, estereotipos hipersexualizados, discriminación y xenofobia.

No es de extrañar entonces que el informe sobre Venezuela, de la Alta Comisionada de Naciones Unidas para los Derechos Humanos, Michelle Bachelet, incluyera un enfoque de género, destacando particularmente las experiencias de mujeres y niñas. Sin embargo, la situación real va más allá de una experiencia traumática; de hecho, estamos en presencia de una masacre por goteo, cuyas aterradoras cifras aumentan cada día.

Luego precisó:

-En un fenómeno migratorio sin precedentes en la región latinoamericana, que ya tiene carácter de éxodo y que cuenta con más de cuatro millones de migrantes.   Según cifras de OIM y ACNUR, el impacto de género y el destino de las mujeres migrantes y refugiadas venezolanas se diluye y muchas veces se vuelve invisible.

Ya en febrero de este año, el reconocido periodista Fernando del Rincón realizó para CNN en español un reportaje sobre la prostitución de venezolanas en la frontera con Colombia, en Cúcuta, dando a conocer al mundo la oscura realidad que viven muchas mujeres en el extranjero.

Por otro lado, el 16 de julio 2019, el periódico venezolano El impulso, reportaba las declaraciones de la asambleísta Manuela Bolívar Rivas sobre el trágico número de mujeres venezolanas que han sido asesinadas en el exterior. Bolívar Rivas, diputada de la Asamblea Nacional por el estado Miranda con el partido Voluntad Popular, hacia específica referencia a las mujeres víctimas de trata de personas y daba la escalofriante cifra de 41 asesinatos.

Declaraba: "Lo que hay sobre este tema es un gran silencio, a las mujeres les quitan su documentación para ingresarlas a redes de trata de personas, 41 venezolanas han resultado asesinadas en el extranjero por esta causa. El 2% de las venezolanas en el exterior de entre 15 y 49 años son sobrevivientes de violencia sexual".

Seguidamente apuntó:

-Según la labor de investigación propuesta en este artículo, podemos observar que a estas 41 mujeres señaladas por Manuela Bolívar Rivas se añaden otras decenas de ciudadanas que han encontrado la muerte en circunstancias violentas fuera de su país natal.

Colombia pareciera ser el país más mortífero para ellas. Siguen Perú, México y Ecuador en los primeros puestos de esta escalofriante clasificación. Fuera de la región latinoamericana aparecen también EE UU, Canadá, Reino Unido y España, demostrando que el fenómeno ha asumido un carácter global. Si el feminicidio y la violencia contra las mujeres en Latinoamérica es un hecho conocido y hasta cierto punto investigado, aquí nos encontramos frente a un fenómeno que no ha sido todavía analizado en su totalidad.

Como es de notar, estamos en presencia de un cúmulo de ingredientes que generan una bomba explosiva que tiene su fuente en el país de origen pero que detona en algún punto del proceso migratorio, en un país de tránsito o de acogida, muchas veces sin medios de subsistencia, sin el amparo de la familia y evidentemente, sin ningún tipo de protección.

Y finalizó destacando:

-El camino de la justicia empieza con el deber de la memoria y con el testimonio de quienes no callan frente a una situación de opresión, desigualdad y abuso. Rendir visibles las historias de estas mujeres, visibilizar el fenómeno en envergadura, crear conciencia e impulsar a que los organismos pertinentes tomen medidas adecuadas es lo que subyace a este proyecto.

XENOFOBIA EN LA POLICÍA PERUANA

El 4 de septiembre de 2019 el portal La Patilla reportó:

-La agresión contra venezolanos en otras naciones no se detiene y como muestra de ello le mostramos el momento cuando un policía de Perú agrede a un venezolano.

Los casos de xenofobia hacia los venezolanos no distinguen clases ni estatus: Un vendedor ambulante criollo fue víctima de la agresión de unos policías de Perú durante su jornada de trabajo.

La fuente agregó:

-Los efectivos de seguridad le botaron su mercancía al suelo. El suceso fue grabado por otras personas que presenciaron el percance y de inmediato empezó a circular por las redes sociales.

"Estamos trabajando humildemente", se le escucha decir al venezolano en el video. Pero este alegato no fue suficiente para los uniformados quienes se dieron la espalda y se retiraron del lugar.

Luego recordó que no se trataba del primer caso de agresión de xenofobia contra la migración venezolana en Perú.

-Este es –indicó- el más reciente caso de xenofobia que se conoce en contra de los venezolanos. Sin embargo, la semana pasada también circularon por las redes sociales dos videos que también evidencia el padecimiento de los venezolanos en tierras lejanas.

En uno de los videos divulgados se aprecia a varios niños del Perú rechazando a los migrantes venezolanos y pidiendo a las autoridades de su país que cierren la frontera.

Otras imágenes aprecian el momento cuando una madre le reclama a un profesor de dicha nación por el trato cruel que le dio a un estudiante venezolano a quien presuntamente le exigió sentarse lejos de los otros alumnos.

LOS HUÉRFANOS DEL ÉXODO

La diáspora forzosa de millones de venezolanos al exterior ha tenido efectos en el seno de la familia, especialmente entre los niños que sus padres al partir hacia un destino desconocido han dejado a los abuelos u otros familiares.

Son los huérfanos del éxodo, en opinión de la periodista Andrea Tosta, de la AFP, expuesta en un reportaje fechado el 9 de septiembre de 2019.

-Frankeiber –señaló de inicio- anhela que sea diciembre para abrazar a sus papás, ante la promesa del reencuentro. Como él, muchos hijos se quedan en Venezuela mientras sus padres se ven obligados por la crisis a emigrar para mantener a sus familias.

Luego indicó:

-Tenía 16 años cuando pasó su primera Navidad sin su mamá. Al año siguiente, se sumó la ausencia del padre. Desde entonces, las fiestas son "un golpe fuerte" para Frankeiber Hernández y su hermano menor, con cenas que terminan en llanto.

La peor crisis en la historia reciente de Venezuela empujó a los padres a Perú. Los hermanos quedaron al cuidado de su abuela Estelita, de 58 años, aquejada por dolores en la cervical, y su esposo de 70.

Es una situación que se ha vuelto común. Uno de cada cuatro migrantes se despide de algún hijo, según cálculos de la ONG CECODAP hasta 2018.

"Unos 846.000 niños (…) pudieran encontrarse en estas condiciones", dice a la AFP su coordinador, Abel Saraiba, advirtiendo que este año superarán el millón.

Después apuntó:

-En un éxodo que no para. Con 3,6 millones de venezolanos que han dejado atrás su país desde 2016, según la ONU, se han multiplicado los infantes que crecen en hogares sustitutos, con los abuelos como principales cuidadores.

"Puedo llegar a deprimirme, pero (…) sigo teniendo la esperanza de que vuelvan" a vivir en Venezuela, reconoce Frankeiber, ahora un estudiante universitario de 18 años. Mientras, sueña con la anunciada visita de sus padres a finales de año a la casa de sus abuelos en el barrio popular de Catia, Caracas.

Posteriormente destacó:

-Frankeiber, Fraiber y sus abuelos dependen de los dólares que sus padres ganan en un restaurante de comida rápida, que les permiten afrontar la hiperinflación voraz y la creciente dolarización de facto de la economía venezolana.

Este año, los venezolanos en el exterior enviarán unos 3.000 millones de dólares en remesas, estima la consultora Ecoanalítica.

Estelita Batista agradece la ayuda, pero se entristece por la separación.

"Yo la prefiero (a mi hija) aquí porque ella dice (…) 'Yo estoy perdiendo el amor de mi hijo'", narra con voz entrecortada. Las conversaciones de Fraiber (8) con su mamá mermaron y ahora pasa mucho.

Seguidamente precisó:

La personalidad de los niños cambia tras la separación, explica Saraiba, mostrando irritabilidad, tristeza, rabia y dificultad para procesar sus emociones.

Es el caso de Xavier (11), quien se quiebra en llanto por las noches desde que su madre partió a España hace un año. Escribe cartas con mensajes como "mami, te extraño", que se guarda.

Las videollamadas lo confortan, igual que a sus hermanos de 16 y 2 años y su prima de 7. Carmen Lugo acogió a sus nietos cuando sus dos hijas migraron "para ayudar a la familia" desde Madrid.

A sus 68 años y asmática, esta mujer les cocina, los lleva al colegio, trabaja, los cuida al volver a casa… En las noches, duermen todos en su cama.

Igualmente señaló:

-La ruptura ha creado "familias trasnacionales" en Venezuela, cuyos pilares son las comunicaciones digitales y las remesas, explica a la AFP Claudia Vargas, socióloga especializada en migración.

La integración de estos niños en la sociedad dependerá de su cuidado y los expertos recomiendan a los padres no crear falsas expectativas de próximos reencuentros para evitar traumas.

Andreína (15) aceptó que no verá más a su papá, trabajando en Costa Rica, aunque espera mudarse con su mamá a Curazao antes de que termine el año.

"Yo quisiera que se fuera, no porque me hace peso, es por sus sentimientos", confiesa a la AFP su abuela paterna Minu Vásquez, quien la cobija en la populosa barriada caraqueña de Petare desde que emigraron sus padres hace tres años.

Pero su ida es incierta: las leyes venezolanas impiden que menores viajen sin al menos uno de sus padres y prohíben que terceras personas autoricen su salida del país.

"Estaría feliz con mi mamá, pero a la vez triste porque voy a dejar a mi abuela", dice, al pensar en la despedida de su cuidadora y "mejor amiga" de 64 años.

LA CRUZ ROJA SE PREOCUPA POR LA VIOLENCIA CONTRA MIGRANTES VENEZOLANOS

El 4 de septiembre de 2019 el portal A Todo Momento, con información de la agencia EFE, reportó:

-El Comité Internacional de la Cruz Roja (CICR) mantiene una "particular" preocupación por la situación en la frontera colombo-venezolana, en la que muchos migrantes enfrentan una "violencia" que los puede dejar todavía más vulnerables.

"En particular estamos preocupados" con esa frontera y por las personas que transitan por "pasos irregulares" en una región en la que todavía operan "grupos armados", explicó en una entrevista con Efe la directora regional de operaciones del CICR para las Américas, Sophie Orr, durante una visita a Brasilia.

Luego apuntó:

-Colombia y Venezuela comparten una frontera de 2.219 kilómetros considerada como la más "caliente" de América Latina, cubierta en parte por bosques en los que se amparan todo tipo de traficantes, mafiosos y guerrilleros.

Las sendas a través de los bosques que en la región se conocen como "caminos verdes" son "muy peligrosas" y más ahora, que el flujo de migrantes venezolanos que escapan de la crisis en su país también transita por ellas, indicó la funcionaria del CICR.

Después expresó:

-Según Orr, existen casos de "violencia y extorsión", personas que "pueden sufrir reclutamientos forzados" o "abusos a mujeres y niñas" en unas fronteras que son "inestables" y en las que el éxodo masivo de venezolanos puede ser aprovechado por grupos ilegales.

También alertó sobre los "desaparecidos" que pueden generar las migraciones, sea por personas que pierden contacto con sus familias tras dejar su país de origen, son secuestradas o sufren episodios de violencia o problemas de salud sin ser debidamente identificadas.

Con menos oportunidades de integración e inserción económica, unos 1.800 indígenas venezolanos que migraron a Brasil permanecen, sin expectativas, en refugios cerca de la frontera, un panorama "bastante trágico", según el Alto Comisionado de la ONU para los Refugiados, Filippo Grandi. AFP, 4 de septiembre de 2019

De igual modo, la vocera de la Cruz Roja valoró la respuesta dada en especial por los países suramericanos, que han acogido a los venezolanos "con una generosidad muy grande" que, en su opinión, "es algo que no se ha visto en otras partes" del mundo.

-Puedo hablar —señaló- del flujo de migrantes que ha salido de Siria y, en ese caso, Europa no ha sido tan generosa" como América Latina con los venezolanos.

Pero admitió que ha habido episodios aislados de xenofobia con los venezolanos, pero consideró "normal" que cuando "llega tanta gente" haya quien tema por su empleo o seguridad.

HASTA SEPTIEMBRE DE 2019 VENEZUELA HABÍA PERDIDO CASI EL 20% DE SU POBLACIÓN

Un reportaje de Jim Wyss de, El Nuevo Herald, Miami, reproducido en el portal A Todo Momento el 14 de septiembre de 2019, reveló que a la fecha "Entre 15 y 19 % de la población de Venezuela ha huido del país en medio de una abrumadora crisis económica y política sin final a la vista. Y es muy probable que la cifra aumente en los próximos meses y años si no ocurren cambios profundos en el país sudamericano".

Para la fecha de redacción de este capítulo, 22 de junio de 2023, ya un tercio de la población había huido al exterior en busca de la calidad de vida que la dictadura del teniente coronel (retirado) Hugo Chávez y la narcodictadura del exconductor del Metro de Caracas, Nicolás Maduro, aniquilaron para establecer el siniestro socialismo del siglo XXI

La fuente agregó:

-Una encuesta reciente del grupo de estudios caraqueño Consultores 21 concluyó que 48 por ciento de todas las familias venezolanas tenían un promedio de 1.6 parientes viviendo en otro país. Sobre la base de esa cifra, Consultores 21 calcula que entre 4.7 millones y 6 millones de los 31.8 millones de venezolanos viven en el extranjero.

La muestra, que encuestó a 2,000 personas durante julio, tiene un margen de error de 2.2 por ciento y es muy probable que provoque controversia. El gobierno venezolano no ofrece información demográfica, pero ha calificado los cálculos de la ONU de que más de 4 millones de personas han salido del país en años recientes una "exageración" que tiene por fin presentar al gobierno de la peor manera posible.

Saúl Cabrera, presidente de Consultores 21, dijo que falta de información oficial significa que todas las cifras del estudio son sencillamente estimadas. Aunque la ONU se basa en información entregada por países vecinos de Venezuela, Consultores 21 busca respuestas hablando con los que se han quedado en el país.

Cabrera afirmó: "Es increíblemente difícil conseguir información [del gobierno] que sea estadísticamente significativa", y añadió: "Pero de cualquier manera que se mire, es una cifra asombrosa. Son millones de personas".

Por otro lado, el autor refirió que "El éxodo venezolano es ya la peor crisis migratoria en las Américas" e indicó que "Investigadores de la Organización de los Estados Americanos (OEA) opinan que el próximo año pudiera igual o sobrepasar la crisis de los refugiados sirios".

De igual señaló que "Según Consultores 21, 44 por ciento de los que respondieron a la encuesta dice ahora que están planeando irse del país, un aumento en comparación con 37 por ciento el trimestre anterior".

También destacó que "De los entrevistados que dijeron que planeaban irse del país, 20 por ciento dijo que se iría a Chile, seguido por Colombia (16.9 por ciento), Perú (10.7

por ciento), Argentina (8.1 por ciento), Ecuador (6.7 por ciento) y United States (5.6 por ciento)".

Y observó:

-No sorprende entonces que esas cifras correspondan a los países donde los venezolanos ya tienen familiares.

Aunque las razones del éxodo venezolano son el hambre, la opresión política y el temor a la violencia, hay un componente económico enorme.

El 72 por ciento de los que entrevistados que tenía familia en el extranjero dijo que esas personas le envían dinero a veces o con frecuencia. Otro 18 por ciento dijo que sus familiares planeaban enviarle dinero una vez que se puedan mantener a sí mismos. La remesa mensual promedio es de $40 mensuales.

Si hay alguna buena noticia en estas cifras es que el éxodo no tiene que ser permanente. El 45 por ciento de los que respondieron a la encuesta dijo que su familia planeaba regresar cuando las condiciones cambiaran, un aumento en comparación con 25 por ciento a comienzos de 2019.

A PESAR DE LAS TRABAS AUMENTA LA MIGRACIÓN

El 8 de septiembre de 2019, en el artículo "Cómo ayudar a los inmigrantes venezolanos y beneficiarnos" publicado dos días antes en el diario El Universo, de Ecuador, y luego en el portal La Patilla, Gabriela Calderón de Burgos expresó:

-Al 5 de agosto de 2019, 4.296.777 de venezolanos han emigrado, solicitado asilo o refugio alrededor del mundo, cifra que equivale a 14,8% de la población de Venezuela en 2018. Esta cifra no toma en cuenta a venezolanos que no tienen un status migratorio regular por lo que la cifra total podría ser mayor.

Luego detalló:

-En Ecuador residen 295.545 venezolanos a junio de 2019. En Colombia 1,4 millones, 853.000 en Perú y 178.575 en Brasil, para mencionar solo a unos de los principales países receptores en la región. Estos países no han experimentado en tiempos recientes un flujo así de masivo de migrantes y, por ende, no están preparados para hacerlo.

Después indicó:

-La medida implementada recientemente por el gobierno de Ecuador de pedirles pasaportes, antecedentes penales apostillados y la obtención de una visa por $50 no resolverá el auge de delincuencia, que, además, no está demostrado que sea causado por este influjo de extranjeros. Esta medida empujará a los migrantes venezolanos hacia vías clandestinas y peligrosas para ingresar al país y los dejará fuera del radar de las autoridades.

La diáspora venezolana crece diariamente al igual que la hiperinflación, una de las causas de su existencia

José Daniel Regalado, presidente de la Asociación Venezuela en Ecuador, explica que los que tienen acceso a un pasaporte nuevo son aquellos afines al gobierno y/o aquellos que tienen $280 dólares para obtenerlo. La espera por un pasaporte va desde meses hasta varios años. Hay gestores que cobran hasta $2.000 para "agilitar" el trámite.

Y agregó:

-Ahora también se les pide una copia apostillada de sus antecedentes penales. Los portales de Internet para obtener esto son difíciles de acceder. Regalado indica que este requisito le da el poder a la dictadura de negarle la posibilidad de emigrar a sus perseguidos, simplemente fabricándole antecedentes penales.

No obstante, los venezolanos seguirán ingresando, esperando llegar, la gran mayoría de ellos, a Perú, Chile y Argentina. Regalado, como otros venezolanos entrevistados, dicen que tendría más sentido que el gobierno de Ecuador provea un traslado o un permiso temporal para que pasen desde Rumichaca a Huaquillas.

Seguidamente aseguró:

-En lugar de temerle a la masiva inmigración, los países de la región deberían hacer algo que de todas maneras les convenía hacer desde hace mucho tiempo: flexibilizar sus mercados laborales. América Latina es la región con mayor rigidez laboral según el índice de libertad económica del Instituto Fraser. Ecuador, por ejemplo, se ubica en la posición 137 de 162 economías.

Experiencias no tan distantes de países pequeños con migraciones masivas como la de Jordania y la de Israel, indican que estos pueden ser asimilados de manera exitosa e incluso derivar en un mayor crecimiento para la economía si tan solo los países receptores les permiten vivir y trabajar legalmente.

Finalmente señaló:

-Si queremos ayudar a los venezolanos debemos permitirles trabajar los más pronto posible otorgándoles —con los documentos que posean— permisos temporales y renovables de residencia y trabajo. Los migrantes judíos de países excomunistas que llegaron a Israel, así como los de Kuwait que llegaron a Jordania rápidamente se insertaron en la fuerza laboral aumentando la productividad de la economía, la base tributaria y el crecimiento. Los gobiernos tuvieron que liberalizar sus mercados laborales porque querían sobrevivir, pero los migrantes se volvieron una fuerza popular que respaldó una serie de reformas económicas que derivaron en un crecimiento sostenido para ambos países,

A continuación, las notas al final del artículo:

-Infobae: A pesar de exigencia de visa, venezolanos siguen huyendo de la emergencia humanitaria.

La Patilla: Día a día los venezolanos atiborran los consulados de Chile, Perú y Ecuador en Caracas. Lograr estampar en sus pasaportes la visa es el sello para huir de la emergencia humanitaria que se vive en el país desde 2015. Así lo reseña infobae.com

La exigencia de visa a los venezolanos en tres de los cuatro principales países de acogida los tomó por sorpresa. Este requerimiento alarga la ruta de quienes necesitan salir en busca de alimentos y medicamentos o del abrazo de un familiar que emigró años atrás.

Largas filas, atención limitada de usuarios y esperas que se prolongan durante meses son los desafíos que deben superar los venezolanos que no salieron del país antes de que los gobiernos de Perú, Chile y Ecuador establecieran los nuevos controles migratorios. Estos tres países han recibido a casi un millón y medio de venezolanos de los 4,3 millones que han huido del país.

Iraldis Nolazco, de 35 años, espera con una carpeta amarilla en el Consulado de Perú. El rotulado dice su nombre y que solicitará la visa humanitaria que el gobierno de Martín Vizcarra pide desde el 15 de junio a los migrantes de Venezuela. Solo Perú acoge a más de 850.000 venezolanos. "Tengo que irme a trabajar a Perú para reunir el dinero y regresar a pagar la operación mi hijo", dice Nolazco. Su hijo, de 12 años, tiene una malformación en los huesos de los pies. El pronóstico es que, si no es intervenido de emergencia, en los próximos dos años podría dejar de caminar.

Nolazco es maestra en una escuela pública y su salario es de menos de 5 dólares al mes. La operación costaba, hasta julio, 13.000.000 de bolívares, casi 600 dólares. Los presupuestos tienen una vigencia de 7 días debido a que la inflación no permite mantener los precios.

El Ministerio de Educación le dijo que podría costear una parte. Ella también pidió ayuda en el Palacio Presidencial de Miraflores y otras instituciones, pero no ha recibido respuesta. "Con un sueldo de 100.000 bolívares al mes ¿cómo reúno lo que necesito para la operación?", dice.

Buscar la visa humanitaria en el Consulado de Perú es su única opción. Por eso desde junio comenzó a gestionar su visa, el 8 de agosto logró conseguir la cita para el 30 de ese mes.

Ese día entregó el pasaporte, los antecedentes penales apostillados, una fotografía y copia de la cédula. El primer documento que estaba dentro de la carpeta es el informe médico con el diagnóstico de su hijo, ella espera que eso la ayude a adelantar el proceso.

El informe sobre Venezuela de Michelle Bachelet, alta comisionada de Naciones Unidas para los Derechos Humanos sostiene que "la situación sanitaria del país es grave": 1.557 personas han fallecido, entre noviembre de 2018 y febrero de 2019, por falta de suministros y atención médica. Entre 60% y 100% de los fármacos no están disponibles en cuatro de las principales ciudades del país, incluida Caracas.

"Me encontré con largas listas de espera y solo atienden a 30 personas por día en el consulado. Pensé que me tocaría el próximo año", cuenta Nolazco. Agradece a Dios que pudo entregar sus documentos, ahora solo piensa en que le aprueben la visa. De ser así, estima que para diciembre podrá regresar a Caracas con el dinero para costear la cirugía de su hijo.

El Alto Comisionado de Naciones Unidas para los Refugiados ha dicho que la mayoría de los venezolanos requieren protección internacional. En agosto llamó a los gobiernos de la región para que mantengan políticas de entrada flexibles, beneficien a quienes enfrentan dificultades para cumplir con los requisitos y faciliten la reunificación familiar. A su juicio, los controles migratorios podrían favorecer la trata y el tráfico de personas.

"Necesito darle calidad de vida a mi hijo".

En el Consulado de Chile lo que encuentran los venezolanos es una cartelera con los tipos de visas que pueden solicitar. A la vista no hay funcionarios consulares para responder dudas. Las personas esperan de pie o sentados en las aceras.

Verónica De Carrós tiene 34 años y es contadora pública. Vive en el Estado Zulia, a casi 10 horas de Caracas. Ya tiene un año viajando a la capital en su intento por obtener la visa para emigrar a Chile.

El 22 de junio entró en vigor la exigencia del gobierno de Chile de una visa consular de turismo para los venezolanos. Ya en abril de 2018 se había implementado la visa de Responsabilidad Democrática.

Según el Departamento de Extranjería y Migración de Chile el año pasado emitieron más de 145.000 visas de turismo, reunificación familiar y residencia temporal para los venezolanos. Hasta abril de este año, contabilizan 31.000 visas de Responsabilidad Democrática.

En julio de 2018 De Carrós solicitó la cita en Caracas para la visa de Responsabilidad Democrática. La entrevista la tuvo en mayo de este año y la visa se la entregaron en agosto. "El estampado estuvo listo el 11 de junio, pero dos meses después fue que me lo entregaron. Comenzaron a contar la vigencia de la visa desde junio, a pesar de que la recibí en agosto. Ahora tengo chance de salir antes del 9 de septiembre", dice. La visa tiene un plazo de 90 días.

No ha podido salir porque todavía falta la visa dependiente de su hijo de dos años. La carrera de De Carrós es lograr el estampado antes que se consuman los últimos días que le quedan a su visa.

Quiere emigrar pronto. En Zulia pasa días sin agua ni luz: "Se nos va la luz 18 horas al día, no tengo agua desde hace 23 días. Los bajones de luz han dañado los artefactos eléctricos". De acuerdo con el Comité de Afectados por los Apagones, desde que comenzó a fallar en marzo el servicio eléctrico en Venezuela, ya son 44.000 los aparatos eléctricos dañados.

De Carrós tuvo que reparar su nevera y cada dos meses debe revisar el aire acondicionado porque deja de enfriar. "Con lo que estamos viviendo aquí, sé que para donde iremos vamos a estar mejor", dice mientras espera que el funcionario del consulado le diga si esta vez le entregaran la visa de su hijo. "Solo me dicen que tengo que esperar. Ha sido angustiosa la espera".

Dice que ya no puede seguir gastando 60 dólares en cada viaje a Caracas entre boletos, hotel y alimentación. Cada visa que pagó tuvo un costo de 30 dólares en un país en que el salario mínimo son apenas 2 dólares.

"Cada día más tengo la ilusión de irme, parece más largo el camino, pero ya estamos en lo último", señala.

"Yo ya me quiero ir del país".

Carmen Garmendia está sentada en las afueras del Consulado de Ecuador. Tiene 66 años y en reiteradas ocasiones repite: "Yo ya que quiero ir del país". En junio compró un boleto para viajar a Quito el 9 de septiembre. Tiene la ilusión de abrazar a su hija después de casi dos años sin verla y llegar a tiempo para celebrar su cumpleaños.

El decreto del gobierno ecuatoriano del 26 de julio que exige visado a los venezolanos la sorprendió. Desde que Ecuador abrió el consulado virtual el 21 de agosto para tramitar la visa humanitaria, Garmendia inició el proceso. Hizo el pago de 50 dólares por la solicitud y ahora espera la notificación de validación.

"En la página web dice que después de pagar hay que esperar una notificación, eso no ha llegado todavía. En el consulado me dicen que me meta en la página para buscar la cita. No entiendo nada. Tengo que esperar ", dice Garmendia.

Ecuador acoge a parte de la familia de Garmendia. Ellos están entre los 330.414 venezolanos que viven en territorio ecuatoriano. Desde 2012 Ecuador ha emitido 110.000 visas para ciudadanos venezolanos. El repunte comenzó en 2015 cuando aprobaron 10.282, tres años después, fueron 43.231. Solo en 2019 van 13.750

DOLOR DE PATRIA

De la columnista Carolina Jaimes Branger es el texto que sigue, publicado en Noticiero Digital el 30 de septiembre de 2019:

-Dolor de patria, acabo de ver un video en Twitter, comentado con dolor por la periodista Idania Chirinos, que me dejó perpleja y con una tristeza infinita: la policía peruana, en una suerte de cayapa, despoja a un muchacho venezolano de una caja de chocolates que tenía para vender y que constituía su única fuente de ingreso.

Mientras está rodeado por los agentes, el joven declara a un canal local que no es la primera vez que lo detienen. Asegura que no es un delincuente. Con educación entrega sus papeles. Se queja amargamente de que la vez anterior, el policía que lo abordó le mentó la madre. No los conté, pero los agentes rodeaban al venezolano eran muchos. No sé cuántos policías se necesitarán en Perú para detener —o para pedirle los documentos- a un muchacho desarmado que no le estaba haciendo daño a nadie.

Sentí rabia. Sentí dolor. Sentí impotencia. ¿Por qué un joven compatriota tiene que pasar por esas humillaciones? ¿Por qué quitarle su único sustento? Pero después de un tiempo de reflexión y sin dejarme llevar por la rabia inicial, me di cuenta de que la culpa no es de la policía peruana. Ellos están haciendo su trabajo. La culpa no es de los peruanos. Ellos han acogido a casi un millón de venezolanos y hay que ver el desbalance y la crisis que causa a una economía emergente como la de ellos que de pronto les llegue esa enorme cantidad de personas. La culpa es del régimen de Nicolás Maduro, que ha logrado que jóvenes como éste –que pudieran estar en Venezuela estudiando, trabajando, emprendiendo- estén hipotecando su juventud vendiendo chocolatitos en otro país.

Además, no puedo dejar de reconocer que de Venezuela también ha emigrado la delincuencia. Estuve hace poco en Chile y otros venezolanos nos dijeron que muchos de los carteristas que pululan por Santiago a horas pico, por desgracia, son venezolanos. Los reconocen porque van en moto, en parejas… igual que aquí. Pero el prejuicio es dañino. La mayoría de quienes se han ido de Venezuela son personas trabajadoras que agotaron todas sus posibilidades antes de agarrar camino, camino que muchos hicieron a pie.

A Maduro, como nunca supo lo que era estudiar o trabajar, no le importa que los jóvenes venezolanos pierdan su presente y su futuro. Insiste en ahondar en las causas que nos han traído a la mayor tragedia que hemos vivido como nación y pareciera regocijarse en ello. Y quienes lo apuntalan, también son culpables. El gran destructor fue Hugo Chávez, pero Maduro, en vez de cambiar ese proceso, lo ha profundizado. Y los responsables van desde él, pasando por toda su corte de malandros, hasta el personajillo que utiliza su pequeña posición dentro del régimen para matraquear. Sin olvidar, por supuesto, a quienes haciéndose pasar por opositores se han hecho multimillonarios, como los bolichicos y otros ni tan "boli" y ni tan chicos. ¡Prohibido olvidar!

Espero que todos los que nos causaron este daño paguen por sus crímenes. Yo no los perdono. Tengo un dolor de patria que no me lo quita nadie.
@cjaimesb

UN EDITORIAL DEL DIARIO EL COMERCIO DE LIMA

"Permiso para discriminar" fue el título del editorial publicado el 29 de septiembre de 2019 por el diario El Comercio, de Perú, el cual comenzó señalando que la creciente xenofobia contra migrantes venezolanos es motivo de preocupación.

Y agregó:

-Por muchas décadas, el Perú se acostumbró a ser un exportador neto de población. Cientos de miles de peruanos salieron a buscar un mejor destino para ellos y sus familias en países como Estados Unidos, España o Chile. Nuestra preocupación por los eventuales brotes xenófobos era estar en el lado de la víctima.

Venezuela fue el destino favorito de millares de peruanos cuando las dictaduras de Miguel Odría y Juan Velasco Alvarado y durante la bonanza petrolera. Se les recibió con los brazos abiertos, sin ningún tipo de discriminación

---

En los últimos años, sin embargo, los flujos se han invertido. Los peruanos –acostumbrados a interactuar básicamente entre nosotros en nuestro propio país– de pronto entramos en contacto casi a diario con venezolanos que huyen de su propio descalabro económico. Para un país poco habituado a foráneos como el Perú, la preocupación hoy por los brotes xenófobos es estar del lado del perpetrador.

La alarma no es injustificada. De acuerdo con un informe publicado en este Diario hace pocos días, casi dos de cada tres venezolanos en cinco ciudades del país (Lima, Arequipa, Cusco, Tacna y Tumbes) se han sentido discriminados, principalmente por su nacionalidad.

Luego apuntó:

-Si bien es natural en cualquier país que la competencia por empleos en determinados sectores genere tensiones entre migrantes y la población local, otras actitudes exceden por largo el recelo laboral. Por ejemplo, la circulación de noticias falsas vía WhatsApp sobre supuestos secuestros de niños peruanos por parte de bandas de delincuentes venezolanos pareció armada al estilo de antiguos –pero efectivos– psicosociales destinados a infligir el máximo daño.

Para vergüenza del país, los brotes de xenofobia no se han quedado en el campo particular, sino que se han extendido también al ámbito oficial o de políticas públicas. Como se recuerda, por ejemplo, el Gobierno Regional de Cusco publicó una ordenanza que prohibía sustituir a trabajadores peruanos por venezolanos contratados informalmente –como si la gravedad de esa falta tuviera alguna relación con la nacionalidad–. A su vez, el Ministerio de Trabajo afirmó, increíblemente, que el reemplazo de algunos trabajadores por otros –venezolanos– de menor sueldo sería una práctica "discriminatoria" y, con lo cual, pasible de multas.

Seguidamente señaló:

-En marzo, el alcalde de Huancayo, Henry López, anunció que presentaría una ordenanza "frente a la creciente y descontrolada presencia de extranjeros". El Ministerio Público le abrió una investigación de oficio por discriminación. De manera más reciente, municipalidades como las de Pisco o Miraflores han dispuesto un "empadronamiento" o solicitud aleatoria de documentos de ciudadanos venezolanos.

Además de ilegal, pues el registro de extranjeros no les corresponde a las municipalidades sino a la Superintendencia Nacional de Migraciones, la práctica es abiertamente discriminatoria y no exenta de un velado componente intimidatorio. Prácticas similares son regularmente condenadas por la comunidad internacional y activistas locales cuando se llevan a cabo en países como EE.UU. contra la población de origen latinoamericano.

En no pocos casos, la preocupación por la inseguridad ciudadana se utiliza para justificar actitudes discriminatorias. No está de más recordar aquí, no obstante, que los delitos son siempre de naturaleza individual —no pertenecen de manera exclusiva a ningún colectivo étnico o nacional—. Caer en generalizaciones de este tipo hace un enorme daño a la seguridad jurídica, la imagen y los derechos de los miles de venezolanos que trabajan honradamente en el Perú luego de escapar del desastre que encabeza hoy Nicolás Maduro.

Posteriormente aseveró:

-Bien encauzada, la presencia venezolana representa sin duda una oportunidad. Aprovechar el trabajo, el talento, las ideas y la diversidad que trae la migración hace eventualmente a cualquier nación más fuerte y próspera. Después de todo, el mestizaje y la fusión de culturas se reconocen hoy como unos de los principales activos del Perú. Pero el camino no es fácil. Los retos también saltan a la vista y empiezan a tensionar las débiles costuras institucionales del país. Esta oleada migratoria representa una enorme prueba que, en el corto plazo, pone presión sobre nuestra estructura económica, pero, quizá más que todo, es un desafío sobre la fortaleza de nuestra estructura social, de nuestra empatía y de nuestros valores como nación. No perdamos la oportunidad de demostrar al mundo y a nosotros mismos que somos mejores que esto.

Cabe recordar que dos médicos venezolanos ocuparon el primer y segundo lugar en un concurso para optar a cargos en el sistema sanitario peruano en el que participaron más de mil profesionales de la medicina

ARUBA ES UN DESTINO HOSTIL PARA NUESTROS MIGRANTES

Aruba es una pequeña isla de 180 km2 situada a unos 29 kilómetros (unas 18 millas marinas), de las costas de la Península de Paraguaná, integrada en las Antillas Holandesas, pertenecientes a los Países Bajos.

Fue hasta 1999 un destino turístico preferido por los venezolanos prósperos y de la ya extinta clase media.

Ilustración 7.- Foto: Andrés Bernal Sánchez

Por otro lado, pescadores, comerciantes de fruta y productos frescos, y pequeños contrabandistas cruzaban desde Punto Fijo, Estado Falcón, hasta sus costas cotidianamente, en busca de clientes para sus mercancías.

Sin embargo, la profunda crisis política y económica en la que se sumió Venezuela, agravada sobre todo a partir de las protestas contra el ascenso de Nicolás Maduro a la presidencia de la República, en 2014, extinguió ese flujo completamente.

Un reportaje de Francesc Badia I Dalmases y Andrés Bernal Sánchez, publicado el 4 de agosto de 2022 en openDemocracy reveló que el agravamiento de la crisis venezolana a partir de esa fecha provocó un éxodo masivo y, según cifras gubernamentales, supera ya los 6 millones de migrantes, que han buscado refugio, sobre todo en las naciones hermanas de Latinoamérica. Los venezolanos que llegaron a

Aruba son relativamente pocos, pero fueron empujados por la misma asfixia económica y política que todos los demás.

-Este es el caso –explicaron- de Ronald Blanchard, vecino de Coro, capital del Estado Falcón, un especialista en seguridad industrial que trabajó varios años en Petróleos de Venezuela S.A. PDVSA, la petrolera estatal venezolana, que sigue siendo la principal industria de un país sentado encima de la mayor reserva de petróleo conocida en el mundo. PDVSA vivió varias crisis de manejo, acabó en manos de militares, sufrió un rápido deterioro, vivió huelgas y represión, y despidió a miles de trabajadores en sucesivas oleadas, algunas de ellas motivadas políticamente.

Luego indicaron:

-Los venezolanos que migraron a Aruba son relativamente pocos, pero fueron empujados por la misma asfixia económica y política que todos los demás

Con la profundización de la crisis, la capacidad adquisitiva de los sueldos cayó en picado. La hiperinflación tuvo consecuencias desastrosas y Ronald Blanchard perdió su empleo. Como especialista en seguridad industrial, Ronald abrió entonces su propia empresa de servicios, pero el deterioro imparable de la economía hizo que la iniciativa fracasara rápidamente y, tras atravesar, como la mayoría de sus conciudadanos, una situación escasez insoportable y gran penuria que puso en jaque a su familia, decidió emigrar.

En noviembre de 2018, eligiendo el destino de Aruba, viajó a través del aeropuerto de Riohacha, en la vecina Guajira colombiana, puesto que ya entonces la frontera entre Venezuela y la isla estaba cerrada.

Muchos de sus compañeros de migración, sin embargo, no tuvieron la suerte o los medios para conseguir un pasaje de avión y decidieron llegar a Aruba por vía marítima. Esta es una ruta que, sobre el papel, es corta, y teóricamente se puede recorrer en 4 o 5 horas, pero está llena de peligros.

Posteriormente apuntaron:

-Como en el Estado Falcón o en la Guajira, el viento sopla de manera constante e ininterrumpida, provocando oleaje permanente. La corriente del canal que separa a la isla del continente es poderosa, y a veces invencible para los motores fuera borda de baja potencia que a menudo utilizan los traficantes.

Como cuenta Alex Medina, compañero de Ronald y originario, como él, del Estado Falcón, un viaje que sobre el papel puede hacerse en pocas horas, a menudo se convierte en una odisea que puede resultar mortal. Alex conocía la travesía porque en los buenos tiempos, cuando Venezuela era un país próspero, había comerciado con la isla vendiendo pescado y fruta. Cuando la situación se deterioró, decidió migrar a Aruba, donde estuvo un tiempo como ilegal hasta que las autoridades lo detuvieron y lo deportaron sin contemplaciones de vuelta a Venezuela.

La amenaza de la detención y de la deportación es una realidad cotidiana para los migrantes en Aruba. Algunos, con causas de persecución política, optan por solicitar asilo, lo cual es un derecho humano que las autoridades sin embargo conceden con cuentagotas, y que caso de lograrse no es garantía de supervivencia puesto que a los asilados se les impide obtener un permiso de trabajo, lo que les obliga a entrar en el mercado irregular y a protegerse en el anonimato, buscando la invisibilidad.

El mismo tema fue analizado por el periodista Javier Ignacio Mayorca en Crónicas del Caribe y citado por el portal Costa del Sol, en su edición del 23 de junio de 2023, señalando que se manejan dos cifras, las del Censo de Aruba 2020, que registró 6.291 venezolanos, y la de ACNUR, que estima 16.800.

Por otro lado, la experta Rina Mazuer, investigadora asociada del Observatorio Venezolano de Migración de la Universidad Católica Andrés Bello (UCAB), señaló que los migrantes no dan toda la información requerida por temor a sanciones como la deportación.

También reveló que antes de la crisis humanitaria los venezolanos iban a Aruba con propósito netamente turístico, y aunque algunos viajeros se quedaban allí, se trataba de personas que tenían cierto poder adquisitivo.

De igual modo explicó que los turistas no eran cargas para los sistemas de educación y salud (…) Pero ahora estos destinos turísticos efectivamente son escogidos por los venezolanos que quieren emigrar.

¿XENOFOBIA?

El 1 de octubre de 2019, en el portal Analítica, el columnista identificado con su correo electrónico hacheseijaspe@gmail.com dio a la publicidad un extenso artículo titulado "¿Xenofobia?", que comenzó así:

-Noticias recientes en la prensa, la televisión y los medios sociales nos informan de las dificultades, desprecios y abusos que sufren algunos paisanos nuestros que han debido abandonar el nativo suelo en búsqueda de un lugar en el mundo en el cual sea menos traumática la existencia y se tenga más posibilidades de proveer de alimentos a sus familias. Añaden más las noticias: que esas acciones infames provienen tanto de particulares como de agentes de la autoridad. Y la queja se vuelve más amarga cuando leemos que tales maltratos se originan en países que, hasta hace poco, nos enviaban sus menesterosos para que se establecieran entre nosotros y pudieran prosperar lo suficiente para vivir dignamente y poder remitir algo de dinero a los parientes que dejaron atrás.

Luego recordó:

-Desde el mismo momento en que apareció el Nuevo Mundo en los mapas europeos, los venezolanos recibimos bien a los que arribaban. Y llegaban de todas partes: del Oriente Próximo, los que denominamos impropiamente "turcos", aunque eran sirios, libaneses y palestinos en su mayoría —el apodo se debe a que todos llegaban con pasaportes del Imperio Otomano, que empezaba a derrumbarse—; españoles, primero catalanes y vascos, cuando la Guerra Civil, luego gallegos y canarios que huían de la pobreza y demás perturbaciones ocasionadas por la posguerra; por iguales motivos nos llegaron los italianos, griegos, franceses y eslavos del sur, impelidos por otra guerra, la Segunda Mundial; antes nos habían llegado los judíos ashkenazim que lograron escapar de su patria antes de que los nazis los volvieran ceniza y humo en los crematorios de los campos de concentración (sefarditas hubo entre nosotros desde los tiempos de la conquista).

Seguidamente indicó:

-Aunque siempre hubo colombianos entre nosotros, en la década de los setenta se incrementó su número porque comenzó la "Venezuela Saudita", rica como nunca (hasta que llegó la siguiente bonanza en tiempos de Boves II). Por ese mismo motivo aparecieron entre nosotros los ecuatorianos, peruanos, dominicanos y haitianos. Por la misma razón, más el ingrediente de las dictaduras militares, abundaron inmigrantes del Cono Sur. Tanto es así, que llegó un momento en que los datos censales informaban que, de cada siete personas que pisaban nuestro suelo, una no había nacido en él.

A todos los recibimos como sangre nueva que iba a colaborar con el progreso de Venezuela. La mayoría de ellos no tenía sino una muy elemental instrucción, pero unas inmensas ganas (y necesidad) de trabajar, de acometer trabajos menestrales. Había también, hay que reconocerlo, gente con tercer y cuarto nivel de instrucción. De todos los países, pero especialmente chilenos y argentinos que, apenas llegados, empezaron a desempeñarse como profesores universitarios y profesionales en toda regla. Aunque, al igual que sucede con nuestros paisanos ahora, bastantes comenzaron trabajando por debajo de su nivel de conocimientos: ingenieros laborando como maestros de obra, médicos como camilleros…

Apuntó, además:

-Por eso duele lo que les pasa a nuestros paisanos de la diáspora. Pero tenemos que estar claros en un par de cosas: primero, que no son los países los que tratan mal a los extraños, son individualidades —pocas, pero ruidosas—; por cada peruano o ecuatoriano que maltrata, hay diez que comprenden la crujía que pasan nuestros paisanos y los ayudan. Hace dos semanas, explicaba en esta columna cómo se han organizado muchos colombianos para ayudar a los caminantes que avanzan hacia sus destinos por las empinadas carreteras andinas.

Y, segundo, que los agravios, atropellos, perjuicios y hasta lesiones que reciben, no son causados tanto por xenofobia sino por aporofobia: no los maltratan por ser extranjeros sino por ser pobres; por la amenaza que representan al ofrecerse en el mercado laboral compitiendo con los sectores más pobres del país de acogida.

Duele, también, que entre nosotros haya individualidades que catalogan a nuestros migrantes como poco venezolanos, como traidores a la patria. En esas recriminaciones hay algo que es muy poco cristiano; una inmensa falta de caridad, de ponerse en la situación del otro. Veámoslos como gente valerosa, que siente una responsabilidad muy grande con los que dejan atrás; como personas que han decidido vivir una vida de estrecheces para que los suyos no pasen hambre. Alegrémonos, también, porque algunos debieron de irse por dignidad; por huir de un régimen donde la sola forma de pensar pone en peligro la existencia.

Asimismo, explicó:

-La marcha de muchos compatriotas, no la veo como una consecuencia del cínico aforismo: ubi bene, ibi patrie. Ellos se van, no para encontrar una nueva patria donde van a estar bien, sino para que los suyos puedan estar bien sin tener que ausentarse de la propia. Sinceramente, yo los admiro: tuvieron la fuerza de voluntad y la fortaleza para irse a tierras extrañas a enfrentar dificultades, a tener que tragar grueso y sobreponerse ante los desmanes de algunos aporofóbicos, a conseguir ingresos para sobrevivir y enviar a casa. No fue el egoísmo lo que los impulsó, sino el amor a los suyos. Que les vaya bien paisanos; que, así como Poder Celestial no los ha de abandonar nunca, no renieguen de su venezolanidad. Porque, Dios mediante, el sufrimiento del exilio será temporal…

Sobre el tema abundó David Uzcátegui el 1 de agosto de 2022 en el mismo portal en un extenso texto titulado "La injusta xenofobia contra los venezolanos", que inició así:

-A raíz de la creciente ola migratoria de venezolanos en la última década, hemos comenzado a observar un fenómeno preocupante, doloroso y creciente. Se trata de la xenofobia de la cual son víctimas nuestros compatriotas en algunos de los destinos que finalmente alcanzan.

Luego explicó:

-La xenofobia es el rechazo u odio al extranjero o inmigrante, cuyas manifestaciones pueden ir desde el simple rechazo, pasando por diversos tipos de agresiones y, en algunos casos, desembocar en asesinatos.

La mayoría de las veces se basa en el sentimiento exacerbado de nacionalismo, aunque también puede ir unida al racismo, o discriminación ejercida en función de la etnia. Según los antropólogos, la prevención frente al extranjero sería un rasgo evolutivo arcaico.

Después indicó:

-Con más de seis millones de venezolanos dispersos por el planeta, de acuerdo con la Agencia de las Naciones Unidas para los Refugiados, la vulnerabilidad a nuestros coterráneos en terceras naciones es creciente.

Tenemos que recordar que, al margen de su consideración ética, la xenofobia puede ser un delito. Numerosos Estados tienen tipificadas como tales las conductas racistas y xenófobas.

Con sobrada razón la indignación de nuestro gentilicio se incrementa con todo este panorama plagado de injusticias. Y es que Venezuela fue el país más abierto a la migración durante sus años de mayor prosperidad.

Seguidamente apuntó:

-Desde hace mucho tiempo atrás se comenzó a correr la historia de este país de gente amable, de clima perfecto y de riquezas que bastaban y sobraban, no solamente para sus pobladores, sino para quien quisiera llegar y trabajarlas.

Ese que tomara la decisión de hacerlo, podría ver bienestar más allá de lo imaginado, en tanto y en cuanto se esforzara en salir adelante. Fue así como recibimos significativas olas de migrantes.

Tras el descubrimiento de considerables reservas petroleras, en 1922, en la década de 1940 comenzó una primera ola migratoria desde la Europa en guerra, que, gracias al aumento permanente del nivel de vida en el país, generado por la renta petrolera, continuó incrementándose.

De hecho, creció más a partir de la postguerra. Entre 1948 y 1961, ingresaron a Venezuela 920 mil inmigrantes, principalmente españoles, italianos y portugueses, cuando el país apenas contaba con unos 5 a 7 millones de habitantes. Era gente que huía de la devastación, del hambre, de todo el horror que es capaz de causar el ser humano cuando se deja captar para el mal.

Y en los años 60 y 70 recibimos a numerosos grupos humanos desde Suramérica. Ellos escapaban también de persecuciones políticas crueles, decididas a acabar incluso con sus vidas.

Esos migrantes fueron recibidos aquí con los brazos abiertos. Se entretejieron con nosotros, formaron parte activa y medular de nuestra sociedad. Prosperaron y nos hicieron prosperar.

Y a continuación expresó:

-Enriquecieron la construcción, el comercio, la gastronomía, la creciente industria petrolera, las artes. Muchos de nosotros estamos emparentados con algunos de ellos e incluso dieron origen a nuestras legendarias reinas de bellezas, por una mezcla de razas que fue bendecida.

Increíblemente, son muchas de estas naciones las que hoy estigmatizan a nuestro gentilicio. No vamos a generalizar, porque no queremos cometer el mismo pecado que se comete en nuestra contra; pero una cantidad representativa de sus habitantes reacciona con odio y miedo hacia el extranjero. Y ahora, el extranjero somos nosotros.

Los episodios masivos de agresiones a venezolanos, incluso quemando sus pertenencias, están más allá del dolor descriptible e imaginable para todos nosotros.

A propósito de la situación de los venezolanos en Chile, las Naciones Unidas piden que no se utilicen "hechos aislados para fomentar la discriminación y la violencia contra personas refugiadas y migrantes".

Y finalizó señalando:

-Quisiéramos que fueran bien recibidos los nuestros en otras tierras. Porque la enorme mayoría simplemente quiere trabajar y hacerse de un espacio que se le ha negado en su propio país. Solamente desean aportar a la nación que los reciba, a cambio de la seguridad que aquí no pudieron encontrar. Que sus hijos crezcan con educación y salud, poder enviar dinero justamente ganado a los parientes que no pudieron acompañarlos.

Eso es todo, y es algo bueno para el país receptor, que obtiene mano de obra dispuesta a laborar y se beneficia de la fuga de cerebros que padecemos. El rasgo ingenioso y emprendedor de nuestros compatriotas también ha sido reconocido en numerosas latitudes a estas alturas. Es el ejemplo de República Dominicana, que anunció el año pasado la regularización de más de cien mil venezolanos, a los que considera una fuerza laboral calificada.

Sigue estando en nosotros, en cada ser humano, la racionalización y contención del sentimiento xenófobo, el miedo al diferente.

XENOFOBIA EN EL CONGRESO DE PERÚ

Desde el parlamento peruano se promovió la xenofobia contra los venezolanos.

En efecto, el 3 de octubre de 2019 Javier Vivas Santana dio a la publicidad el artículo "Xenofobia en el "Congreso" de Perú", que comenzó así:

-La xenofobia representa un conjunto de desviaciones y fanatismos conductuales que no dudo en denominarlos como los más perversos que puede tener el "ser humano". En la xenofobia, no solo es la pérdida de sindéresis lo que se apodera del individuo o grupos de personas, sino que en tales acciones lo que se busca es imponer una condición de raza superior o mental sobre otras supuestas condiciones políticas, económicas, sociales, culturales, religiosas y hasta esotéricas.

En tal sentido, como venezolano, e incluso estoy seguro de que mis palabras representan el sentir de millones de connacionales, condenamos enérgicamente las infelices declaraciones de la "parlamentaria" peruana Esther Saavedra cuando afirma: "Todos los venezolanos malos o buenos tienen que salir del Perú"[1], porque además de generar una bazofia discursiva llena de mentiras y medias verdades, pretende acusar a todos los emigrantes de nuestro país que por diversas razones –que ella omite ante su claque– han decidido establecerse en esa nación hermana, fundamentalmente por causas derivadas de una inmensa crisis en la cual el madurismo ha sumido a Venezuela.

Luego citó:

-El francés Michel Foucault (2000) en su obra Defender la sociedad planteaba en una impecable argumentación que este tipo de discurso no buscaba la conciliación y menos el consenso, sino por el contrario, lo que trata de imponer es un "derecho" basado en la disimetría, a través de una "verdad" ligada por la fuerza. De hecho, Foucault no define este tipo de mensajes como polémico sino como beligerante, porque su finalidad está asociada con el enfrentamiento ante otro, y en este caso, es obvio que ese "Congreso" no solo ha perdido legitimidad, sino que ahora disuelto sus "iniciativas" se quedan en un vacío político y jurídico porque la constitucionalidad peruana, y lo más importante, el pueblo y sus componentes militares apoyan al presidente Vizcarra, aunque este no sea de nuestro agrado, precisamente por las medidas y la xenofobia que ha surgido contra muchos venezolanos.

Por ello, no es casualidad que Foucault (ob. cit) también señale el discurso de la "guerra perpetua" (p, 62) como una forma de victoria de lo histórico y político sobre lo filosófico y jurídico, y esa sinrazón desde nuestra perspectiva es parte de un entramado que se ha dispuesto en el pensamiento de oportunistas "intelectuales" que terminan siendo los genuinos autores de la barbarie del odio y la ira sobre los pueblos, cuando son estos quienes "asesoran" a la clase dominante en cada uno de los pueblos.

Y advirtió:

-O sea, que el problema de la xenofobia que está afectando a millones de venezolanos, y en especial sobre quienes están en Perú o pretenden ingresar a ese país, no tiene una connotación basada en principios de eticidad, y menos en defensa de los propios peruanos ¡No! Es la lucha por el poder y la demagogia que existe en nuestras sociedades con tal de alcanzar el control político a partir de supuestos históricos. De hecho, no dudaría en establecer relaciones entre las palabras de esta "congresista" —¿o excongresista? — y el discurso del madurismo, en virtud de que estos nunca están basados fundamentalmente en lo filosófico y jurídico, sino en un determinado momento "histórico" en el que, por supuesto, lo que debe prevalecer es el interés político sobre cualquier otro razonamiento, aunque este último tenga más peso y trascendencia sobre los seres humanos. Y esa ha sido una estratagema por la cual esa historia que muchos dicen "defender" es la que ha generado millones y millones de muertos en nombre de la "libertad de otros".

Igualmente aseguró:

-Mientras la xenofobia se apodera en los peruanos contra los venezolanos, el madurismo —como si ellos fueran inocentes de semejante emigración— condenan al gobierno de Vizcarra por tales hechos, y lo más grave, mientras usurpan el poder en Venezuela se lavan las manos ante la hiperinflación, la destrucción de la salud y la educación, así como el colapso de servicios públicos esenciales como agua, luz, gas y transporte, aunado con permanentes violaciones de derechos humanos, y lo peor, convertir el "salario" de los trabajadores y pensionados en el más bajo del planeta, cuando apenas es de 2 dólares mensuales.

La xenofobia si algo ha dejado positivo —entre todo lo negativo— es que ha destruido los atenuantes del régimen, porque al escuchar a Maduro pedir una limosna de 200 millones de dólares a Guterres y Bachelet para traerse, según él, a "todos" los emigrantes venezolanos del Perú, se comprueba por qué ha huido del país cerca de 20% de la población. El "gobierno" ni siquiera tiene tal cantidad de dinero para que regresen esos ciudadanos que dice "defender".

Y finalizó:

-Condenamos la xenofobia de la casta política peruana sobre los venezolanos en ese país, pero dejamos en claro que esa es la analogía de lo que el madurismo hace día a día contra millones de personas en la patria de Bolívar.

DESALOJAN A 200 VENEZOLANOS DE UN REFUGIO EN ECUADOR

El 1 de octubre de 2019 el portal A Todo Momento, con información de la agencia de noticias EFE, reportó:

-Cerca de 200 inmigrantes venezolanos fueron desalojados este martes de un campamento improvisado en el municipio Guayaquil, Ecuador.

La medida se efectuó luego de que el fin de semana se produjera un altercado entre ecuatorianos y venezolanos que terminó convertido en actos de xenofobia por el espacio público.

Y agregó:

-Familias enteras de emigrantes que se encontraban refugiadas en el complejo deportivo Benjamín Rosales, fueron sacados forzadamente del lugar.

Entre 150 y 200 efectivos de la Policía ecuatoriana intervinieron en el operativo junto con personal de la intendencia guayaquileña y delegados municipales.

El desalojo de los venezolanos se llevó a cabo argumentando que ocupaban el espacio público irregularmente y la consecutiva falta de higiene.

Luego indicó:

-El fin de semana se registró un altercado en la zona que se grabó y se hizo viral. En el video se observa a presuntos venezolanos lanzando piedras a un grupo de patinadores que llegaron al lugar a patinar.

En el audiovisual la persona que grabó asegura que los atacantes son venezolanos y que están armados con machetes. Sin embargo, sólo se puede apreciar que un grupo de jóvenes les arrojan piedras.

De estos hechos derivaron los actos xenófobos, según lo denunció la Fundación Venezolanos en el Exterior. Eduardo Febres Cordero, su presidente, difundió varias fotografías de destrozos a la vivienda de una familia de emigrantes procedentes de Venezuela que reside en Guayaquil.

Las imágenes muestran las paredes pintadas con las leyendas: "fuera venezolanos, fuera malditos, váyanse o mueren. Además, se aprecia desorden en el inmueble.

Posteriormente señaló que la fundación convocó a un plantón frente a la sede del Consulado de Venezuela en Guayaquil y pidió a las autoridades que investiguen el suceso por presunto delito de odio.

-Las fuerzas de seguridad —detalló la fuente- se llevaron a una persona detenida durante el desalojo que tuvo lugar este martes. Al resto los obligaron a desocupar el área ocasionando que uno de los migrantes se desmayara.

Al menos una cuarta parte de las carpas, colchones y otros enseres que se encontraban en el lugar los retiraron forzosamente. Las pertenencias restantes las recogieron los propios emigrantes a los que no se les ha ofrecido una alternativa donde vivir por parte de las autoridades.

El campamento de venezolanos se estableció frente a la terminal de autobuses Jaime Roldós Aguilera meses atrás. Sus habitantes son en su mayoría individuos que se quedaron varados por falta de dinero para poder seguir su camino a otros destinos.

A finales de 2018 cientos de venezolanos fueron desalojados de un parterre que habían convertido en refugio improvisado frente a una terminal terrestre del norte de Quito, luego de una decisión de las autoridades que ofreció albergues temporales a los más vulnerables.

LOS MIGRANTES MILITARES SE ORGANIZAN

El 2 de octubre de 2019 el portal SuNoticiero, con información de Infobae, reportó:

-Un grupo de oficiales venezolanos presenta este miércoles en Florida el Estado Mayor Militar en el Exilio, además del listado parcial del Censo de Militares que se han inscrito para formar parte de lo que sería el próximo Gobierno o Gobierno de Transición en el país. Reseña Infobae.

Además, presentarán el Proyecto de Ley para la Reinserción de Oficiales a la Fuerza Armada Nacional y el Proyecto de Ley Orgánica de la Fuerza Armada.

Y explicó:

-Por ahora, la cabeza visible de ese Estado Mayor es el capitán de la Guardia Nacional Javier Nieto Quintero, en compañía del teniente Lobzan Chacón, el mayor Ezequiel Solis, coronel Fidel Pastrán, capitán Julio Barazarte y como Sargento de Comando estará el sargento mayor Jesús Palmar Fernández.

Luego indicó:

-Según explicó Nieto Quintero, "estamos presentando con humildad una organización necesaria para los acontecimientos que se avecinan en Venezuela. Por ello organizamos esta estructura que tiene en este momento, con un censo inicial, 2.780 ya registrados entre militares y fuerza policial, además de 3.320 listos para registrarse. Eso nos daría un total de 6.000 hombres dispuestos a ofrecer su apoyo para la reconstrucción de la institución armada".

Nieto Quintero igualmente señaló:

-Humildemente estamos invitando a los militares que aman a la Fuerza Armada proponiendo para que nos ofrezcamos en lo que podamos contribuir. Por ahora empezamos sincerando la cantidad de militares y policías en el exilio, que en los próximos meses será pieza esencial para estructurar un aparato de inteligencia confiable y comprometido con la gobernabilidad y la lucha por el país.

Igualmente expresó que es necesario decirle, bien sea al gobierno interino, al TIAR, a Colombia, a los EEUU, a quien sea, que los militares comprometidos con la recuperación de la Fuerza Armada, pueden ser el reemplazo de las unidades de base. -El punto de partida –afirmó- es abrir el debate.

A Todo Momento detalló luego:

-El delegado principal por Estados Unidos es Nieto Quintero. El censo de militares en ese país arroja: 240 ya registrados y 195 por registrar, según explicó. Entre ellos, tres generales (5 por registrar), 82 oficiales superiores (72), 73 oficiales subalternos (66), 25 tropa profesional (23), 9 tropa alistada (8) y 48 policiales (21). El coronel Fidel Pastrán Delgado es el delegado en Argentina, país donde han censado a 124 y están por registrar 88 militares y policías.

Por Colombia, donde se han registrado 678 y está previstos que se registren 458 para un total de 1.136, el delegado es el teniente coronel Arturo Gómez Morantes, El delegado por México es el teniente coronel Héctor Hernández Vegas, país donde se han censado 25 y prevén 72 más. En Chile, el delegado es el teniente coronel Ramón Zambrano Rivas y se han registrado 185, previendo que haya 171 más.

Para Europa, en España el delegado es el coronel Edmelcar Delgado Sánchez; en ese país se han registrado 132, aunque la gran mayoría son policías (105), prevén registrar 193 más con mayoría de militares.

En el caso de Perú, el representante es el capitán Iyerandi Delgado Urrieta; tiene registrado 453 y por registrarse hay 485. En Ecuador, la suma de censados también es importante, ya que llegan a 298 y en lista por registrarse hay 489. El delegado por Costa Rica es el capitán de corbeta Napoleón Martínez Beguett; se han registrado 28 y hay 33 más en lista.

El delegado de Brasil es Edicson Ramírez Narváez, en cuyo país hay 25 registrados y 59 que esperan hacerlo pronto.

En el caso de Venezuela, la información del delegado está clasificada, aunque ya se han registrado 386 y están por hacerlo 751 más entre militares y policías.

Hay 498 entre los 198 registrados y los 300 que están por registrarse en otros países, como República Dominicana, Nigeria, Kazashstan, Oman, Portugal, Guatemala, Canadá, Uruguay, Italia, Cambodia, Australia y Paraguay, Aruba, Emiratos Árabes, Belarús, Francia, Polonia, Curazao, Cyprus, Sao Tome and Prince.

Cabe señalar que la convocatoria para la constitución de ese frente militar y policial fue hecha por la organización Venezolanos Perseguidos Políticos en el Exilio (VEPPEX) y tendría lugar en el 2550 NW 100th Ave, Room 9, Doral Florida, 33172.

Ese organismo reveló que ha podido registrar a 2.780 militares venezolanos radicados en diversos países y su vocero, José Antonio Colina, subrayó que el número total de militares que permanecen clandestinos o apartados de la FAN en Venezuela es de aproximadamente de 6.100, por lo que resta por censarse más de 3.300. Y precisó igualmente que "Entre los registrados hay 386 militares que dejaron la Fuerza Armada Nacional de Venezuela, pero siguen en su país, bien en la clandestinidad o en sus casas".

LOS VENEZOLANOS SIN DERECHO A VIAJAR

El 3 de octubre de 2019 la periodista venezolana en el exilio, Sabrina Martín, publicó un reportaje en el portal PanamPost, en el cual denunció que gracias al régimen de Nicolás Maduro "Ahora los venezolanos no solo enfrentan casos de xenofobia, sino que además son víctimas de violaciones a derechos humanos en aeropuertos del mundo".

Y agregó:

-Ya desde Venezuela se conocen casos de autoridades de la Guardia Nacional … que en el aeropuerto internacional Simón Bolívar roban a los viajeros con destinos al exterior; ahora sucede lo mismo, pero en otros países como México.

Tal es el caso de Carlos Sánchez quien denunció robo, amenazas y torturas en el aeropuerto de Cancún, en Quintana Roo, cuando viajaba de vacaciones por primera vez a México. Dijo ser testigo además de vejaciones contra grupos de venezolanos que se encontraban retenidos.

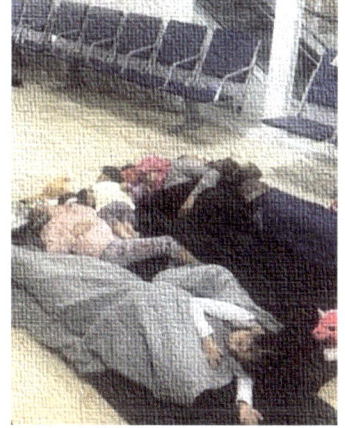

Con la voz cortada y expresando frustración, el joven de 23 años explicó que, al llegar a Migración en el terminal aéreo, tuvo que pasar por una entrevista y pese a tener todos sus documentos y responder las preguntas que se le formularon, no se le permitió la entrada al país.

Durante la espera para una segunda entrevista un funcionario mexicano le pidió dejar sus pertenencias en una bolsa negra, desvestirse y poner su ropa en el mismo lugar.

Contó que fue llevado por un pasillo blanco y se le indicó que entrara en una habitación, en el lugar se encontraban alrededor de 70 personas, también venezolanos presuntamente en condiciones paupérrimas.

"Y las personas me ven y me dicen 'oye ¿qué hora es? ¿qué día es? ¿eres venezolano?'… de pronto veo a niños, eran 10 niños, que los tenían en interiores", señaló.

"Había colchonetas, con los peores olores, olía demasiado. Era un sitio que no estaba en las condiciones para tener a personas en un procedimiento. Los baños daban asco", denunció.

Añadió que pidió ser deportado, pero no a Venezuela, pues él llevaba dos años como residente en Chile y en sus pertenencias se encontraba su identificación; posteriormente los funcionarios le ofrecieron regresar a Santiago, pero bajo la condición de que no denuncie lo sucedido.

"Me vuelven a sacar al pasillo y me dicen: mira, vamos a hacer una cosa, te vamos a regresar a Santiago de Chile, y la única condición que debes aceptar es que nunca viste nada de los que viste, nunca hemos hablado nada de lo que escuchaste.

Y la otra condición es que, si tú llegas a hablar, vamos a poner en tu pasaporte una alerta migratoria para que no te dejen ingresar' en no sé cuántos países", señaló.

Afirmó que no le devolvieron sus documentos, solo su cédula y mochila en la que presuntamente faltaban artículos personales y dinero.

La periodista aseveró, además:

-La denuncia de Sánchez se corrobora además con unas fotografías publicadas por el periodista venezolano Sergio Novelli, donde puede observarse a grupos de ciudadanos, entre ellos niños, acostados en colchonetas en el suelo; asegura que "los dejan varias horas desasistidos, para luego deportarlos sin explicación".

CÓMO VIVEN LOS VENEZOLANOS EN CARTAGENA

El 4 de octubre de 2019 Noticiero Digital reportó:

-Colombia es el país que ha recibido la mayor proporción de la migración venezolana, con más de un millón de connacionales viviendo en el vecino país según cifras dadas por Migración Colombia. Dentro de este número, una gran parte de venezolanos han visto en la próspera ciudad turística de Cartagena (norte de Colombia) una fuente de empleo vinculada a la principal actividad económica de esa región: el turismo.

Y a continuación afirmó:

-En la actualidad, cualquier turista que visite Cartagena, uno de los lugares turísticos de Colombia más beneficiados por el "boom" de crecimiento turístico que vive ese país, se va a encontrar con venezolanos por toda la ciudad. Desde vendedores ambulantes de agua y helados hasta recepcionistas y asesores de ventas en grandes hoteles, lo cierto es que para muchos venezolanos el gran flujo de turistas extranjeros ha representado una oportunidad para conseguir empleo y una estabilidad económica en la nación neogranadina.

Es el caso de Jhon Narváez, un joven que vino desde la Isla de Margarita hasta Cartagena con la finalidad de encontrar empleo para luego traerse al resto de su familia. Y la manera que encontró fue vendiendo sombreros cerca del mítico Muelle de la Bodeguita, frente a la entrada de la ciudad amurallada de Cartagena. Como él mismo dice: "Mal no me ha ido", ya que ha logrado realizar buenas ventas de sus sombreros a diferentes turistas extranjeros, principalmente provenientes de Estados Unidos y México.

La fuente explicó luego que el precio del sombrero lo acuerda según el perfil del turista.

-Por ejemplo, a un colombiano se lo puede vender en 15.000 pesos (5 dólares) mientras que a un "gringo" ha llegado a venderlos hasta por 60.000 pesos (20 dólares).   Como dato curioso, piensa que los mejores compradores son los mexicanos, ya que dicen que "mexicano que viaja no se raja" y casi siempre terminan comprándole uno o dos sombreros.

Y continuó:

-Entrando en la ciudad amurallada, cerca de la Torre del Reloj, otro venezolano con acento maracucho (aunque después aclara que viene de Cabimas) vende agua "fría y al clima", que tiene en una pequeña cava ambulante. Comenta que en las zonas no-turísticas de Cartagena una botellita de agua puede valer 1.000 pesos (0,3 dólares) mientras que, dentro de la ciudad amurallada, que está llena de turistas de todas partes del mundo, la vende en 3.000 pesos (1 dólar).

Para él, este trabajo es difícil debido a que debe estar atento a que la policía no lo vea vendiendo, ya que en dos oportunidades anteriores le han "retenido la mercancía". Además, manifiesta que la competencia con otros vendedores informales de agua en el mismo sector es muy fuerte.

Luego apuntó:

-Saliendo de la ciudad amurallada, en la avenida costera en el sector de Marbella hace poco se inauguró un letrero gigante con el nombre de la ciudad de Cartagena, que se ha convertido en un imán para que muchos turistas vayan a tomarse fotos. Este hecho se convirtió en una oportunidad para otro joven venezolano proveniente del sector La Vega en Caracas, quien junto con su hermano maneja un carrito de helados y encontraron este punto turístico como lugar ideal para vender.

Además, ofrecen "asesorías" a los turistas que llegan a tomarse la foto en el letrero, indicándoles en dónde colocarse, cuáles son los mejores ángulos y hasta haciéndoles "el favor" de tomarles la foto ellos mismos. Todo esto a cambio de una pequeña propina.

Dicen que a pesar del sol inclemente de Cartagena se sienten afortunados por tener ese empleo y que están ahorrando para comprarse una nevera nueva para instalarla en la pequeña casa que tienen alquilada en el populoso barrio de Torices.

Al preguntarles acerca de si han sentido xenofobia, expresan que muy poca y que, por el contrario, muchos "costeños" (como se les dice a los habitantes de Cartagena) les han extendido la mano para ayudarlos, ya que estos recuerdan cómo hace 30 años sus padres y familiares tuvieron que salir de Cartagena huyendo hacia Venezuela, debido al conflicto armado que azotó a Colombia en las décadas de los 80 y 90.

Posteriormente señaló:

-Por otra parte, caminando por las calles de Bocagrande, la franja costera más exclusiva de Cartagena es común ver a jóvenes vestidos de short, chemise y gorra abordando a los turistas para invitarlos a una "pasadía gratis" en el reconocido Hotel Caribe (el más antiguo y lujoso de la ciudad), a cambio de que escuchen una charla de venta de una acción de "tiempo compartido" en dicho hotel.

Uno de estos jóvenes es Wilker Sánchez, de 19 años, quien llegó de Caracas hace seis meses y encontró este empleo por recomendación de una amiga que ya tenía dos años viviendo en Cartagena.

Dice que es un trabajo agotador ya que debe estar todo el día abordando a los turistas que caminan por la playa para convencerlos de asistir a la charla de venta en el hotel, pero que las comisiones que se gana por cada una de las pocas ventas que se concretan en las charlas le han permitido vivir e incluso ahorrar para traerse a su mamá el próximo mes.

En otro hotel de 3 estrellas, también ubicado en Bocagrande, trabaja como recepcionista Sindy, una venezolana oriunda de Maracaibo que ya tiene tres años en Cartagena. Dice que al principio le fue muy difícil conseguir empleo ya que no contaba con el PTP (Permiso Temporal de Permanencia que otorga el estado colombiano para que los venezolanos puedan trabajar legalmente), pero que luego de que lo obtuvo hace año y medio pudo conseguir trabajo en el pequeño hotel.

Se manifiesta agradecida por la oportunidad y comenta que a pesar de que los horarios como recepcionista incluyen guardias nocturnas de hasta 12 horas, está contenta porque con el ingreso que está recibiendo (un poco más del sueldo mínimo de 828.000 pesos —o- 240 dólares) puede mantenerse a ella y a su pequeño hijo de 4 años.

Además, comenta que tiene amigos venezolanos trabajando en hoteles 5 estrellas de la ciudad como el Hyatt o el Hilton donde los sueldos son mucho mayores. Sin embargo, aclara que para conseguir empleo en esos hoteles es mucho más difícil ya que por lo general exigen al menos un título universitario.

AGRESIONES CRIMINALES CONTRA MIGRANTES VENEZOLANOS

El 4 de octubre de 2019 el portal Costa del Sol le dio cabida a un extenso texto periodístico de Gerónimo Figueroa referido a las agresiones físicas sufridas por los migrantes venezolanos en dos países de América Latina que deben su libertad a Simón Bolívar y su ejército.

Por otro lado, nacionales de Perú y Colombia, en momentos históricos de dificultades económicas o políticas encontraron en Venezuela pan, techo, abrigo y empleos con remuneración igual a la de los venezolanos. Parte de esos ingresos eran enviados a sus familiares.

El columnista comenzó señalando:

-En las agresiones contra los venezolanos en Perú y Ecuador por parte de algunos nacionales de esos países, pudiéramos apuntar que por encima de ellos hay responsables más directos por acción y omisión. En primer lugar, hay que señalar al régimen de Nicolás Maduro que con su política de hambruna ha obligado a más de cinco millones de venezolanos salir huyendo para tratar de sobrevivir en otros países. En segundo lugar, la llamada comunidad internacional que no ha tomado en serio la terrible crisis humanitaria y en tercer lugar los presidentes de Perú y Ecuador, que no toman medidas contra estos malandros que actúan aisladamente del resto de la población de esos países.

Para finales de junio de 2023 la cifra de venezolanos migrantes era superior a los siete millones. En Perú estaban refugiados 1.506.368 y en Ecuador, 502.214.

Y continuó:

-La xenofobia que tratan de sembrar algunos sectores en las redes sociales en Perú, alentadas por personas como la congresista Esther Saavedra, quien con un toque desquiciado dijo que todos los venezolanos debían irse de Perú porque quitan el trabajo a los peruanos, son actos criminales e inaceptables. Algunos venezolanos que trabajan comercio informal en Perú han sido atacados por civiles y uniformados que luego el gobierno dijo que no eran funcionarios, pero sin anunciar apertura de una investigación. Maestras y maestros en algunas escuelas alimentan el odio de sus alumnos contra los venezolanos. Aunque no se pueda afirmar que sea una política de Estado, uniformados y maestros son empleados directos del gobierno.

Son seres humanos que abandonan de su propio país no porque quieren, sino que por razones de supervivencia se han visto en la necesidad de huir porque la situación sembrada y desarrollada por la peste roja desde hace 20 años acabó con la economía del que fuera el país con más progreso en la región y más generoso en su época de abundancia para recibir con los brazos abiertos a migrantes no solo de Latinoamérica sino de todo el mundo, proporcionándoles facilidades para obtener trabajo y viviendas, pero sobre todo mucha tranquilidad para ellos y su sus familiares. Las estadísticas así lo demuestran.

Luego recordó:

-Durante la segunda guerra mundial fueron muchos los europeos que llegaron a nuestro país huyendo del horror que significa vivir en ciudades que estaban bajo el fuego de cañones y bombardeos de aviones militares por el desarrollo de la guerra. Luego, y después de terminada la segunda guerra mundial que dejó a Europa destruida por los cuatro costados, también llegaron miles de europeos a nuestra patria con una mano adelante y otra atrás, buscando refugio para sobrevivir y aquí fueron recibidos con los brazos abiertos y con la bondad que nos caracteriza a los venezolanos, porque eso es lo que somos, bondadosos.

En las décadas de los años sesenta, setenta y parte de los ochenta, varios países latinoamericanos fueron azotados por una peste militar que generó no solo persecución y represión política contra quienes no estuvieran de acuerdo con los gorilas, sino que esas dictaduras sembraron hambre y destrucción. Esas situaciones obligaron a muchísimos latinoamericanos a buscar refugio en Venezuela que en 1958 se había liberado de la penúltima dictadura encabezada por Pérez Jiménez y estaba consolidando una democracia estable que permitía un desarrollo sustentable con inversiones locales y extranjeras a todos los niveles, que garantizaba estabilidad económica no solo a los venezolanos sino también a los migrantes a quienes consideramos como nuestros hermanos.

Luego apuntó:

-Lamentablemente la crisis económica de los años ochenta que afectó a Latinoamérica desajustó un poco la situación en nuestro país, ventana que aprovecharon los enemigos de la democracia para montarse a conspirar provocando lo que históricamente se llama como el caracazo en febrero de 1989, luego en combinación con algunos militares resentidos sociales y hambrientos de poder, salieron los intentos de golpes de estado el 4 de febrero y 27 de noviembre de 1992 contra el gobierno legítimo de Carlos Andrés Pérez, que hicieron que la crisis económica se profundizara, llevó de forma emocional en 1998 a tres millones y medios de venezolanos a votar por el militar que quiso acabar con la democracia venezolana.

Y a partir de esa fecha comenzó el verdadero calvario para los venezolanos. Las libertades económicas y personales comenzaron a ser restringidas poco a poco, y algunos políticos latinoamericanos que habían sido favorecidos por la democracia venezolana en las décadas de los sesenta, setenta y ochenta, que ejercían cargos importantes en sus países donde había regresado la democracia con la ayuda de la venezolana, con el argumento burdo de no injerencia pero también aplicando solidaridad ideológica con los verdugos venezolanos, se hicieron los locos y voltearon para no ver lo que empezaba a ocurrir con las libertades en Venezuela.

Posteriormente aseveró:

-Hoy no podemos decir que quienes gobiernan Perú, Argentina, Chile y Ecuador, sean los mismos que fueron cobijados y apoyados por la democracia venezolana en las décadas sesenta, setenta y ochenta, pero lo que, si es cierto, es que son políticos que pertenecen a los mismos partidos políticos de ellos, y deben conocer esa historia por ser muy reciente. La falta de solidaridad efectiva ha sido tan notable, qué, por ejemplo, el Grupo de Lima se fundó en agosto de 2017 y durante dos años se ha limitado a producir comunicados que con el tempo se quedaron solo en el papel. Fue solo ahora en septiembre 2019 cuando anunciaron que sancionaran a funcionarios del régimen.

Sin ninguna duda que los comunicados y las sanciones como muestra de solidaridad son buenas y las gradecemos, pero los venezolanos lo que necesitamos es que nos ayuden a derrotar la tiranía porque solo no podemos.

El 11 de febrero de 2022, en el mismo medio digital, el referido columnista, en el artículo "¡Por Dios! ¿Cuál fue el pecado de los venezolanos?", escribió:

- ¡Por Dios! ¿Qué fue lo que le hicimos los venezolanos al mundo para que no nos quieran? El 2 de septiembre de 2015 un niño migrante sirio de tres añitos apareció muerto en la playa frente a Turquía y el mundo reaccionó de forma alarmante, lamentando la migración siria y pidiendo a los organismos internacionales intervenir para que termine el desplazamiento. En ese momento zurdos, derechos, centristas y defensores de derechos humanos, reaccionaron, lamentaron y condenaron. Sin embargo, el sábado 5 de febrero 2022 la guardia costera de Trinidad y Tobago, alegando "defensa propia" disparó varias ráfagas desde la nave de guerra artillada y asesinó con una bala en la cabeza a un niñito migrante venezolano de apenas nueve meses de nacido que viajaba con su madre en un peñero con capacidad para diez personas, y esa misma comunidad internacional que tanta paja habla por cualquier cosa, ha guardado silencio. Eso nos hace pensar que no solo hay complicidad con los regímenes de Maduro como culpable de la migración y del trinitario como asesino de venezolanos, sino el desprecio de esa comunidad internacional por la vida de los venezolanos.

Y apuntó a continuación:

-Esta terrible tragedia ocurrió cuando una embarcación pequeña que partió del Estado Delta Amacuro con destino a Trinidad y Tobago, a donde la madre con su niño de apenas nueve meses de nacido intentaba llegar al salir huyendo de la terrible crisis humanitaria sembrada por la peste roja desde hace 22 años en Venezuela. Algunos dirán que es una madre irresponsable, pero a veces muchas personas no se detienen a pensar y analizar sobre la situación de los demás. Hay que estar muy mal económicamente y pasando hambre, para que una madre agarre a su pequeño hijo de meses de nacido y se aventure en una travesía como esa, si medir los peligros que eso representa.

El gobierno trinitario al ordenar a la guardia costera disparar contra una embarcación civil que solo intentaba llegar a puerto seguro en busca de refugio, se convierte en criminal de guerra. Sin embargo, el cinismo del régimen trinitario para justificar el asesinato del niño y haber herida a la madre de gravedad, en un comunicado afirmaron que tuvieron que "disparar en defensa propia" porque el bote donde viajaban los migrantes venezolanos "embistió" contra la lancha de guerra patrullera. Esta versión del régimen trinitario es tan burda que no convence siquiera a un niño de dos años. Solo ratifica el odio que siente el régimen de Trinidad y Tobago contra los venezolanos. ¿Quién puede creer que un botecito de vela y con un solo motor, con capacidad para diez personas, puede ser una amenaza contra una nave militar artillada y con capacidad para hacer la guerra?

Y advirtió:

-El niño de nueve meses de nacido asesinado la tarde del sábado 5 de febrero del 2022, no es el primer muerto y la madre no es la primera herida. Son muchos los muertos, muchos los heridos, muchos los desaparecidos y muchos los presos que han sido víctimas del régimen trinitario, cuyo único delito ha sido ser venezolano y querer llegar a tierra de Trinidad y Tobago en busca de libertad y una mejor vida que no pueden tener en Venezuela porque la peste roja acabó con eso. Los venezolanos que huyen de su propio país solo buscan en Trinidad y Tobago una vida muy parecida a la que buscaron los trinitarios en Venezuela en los años setenta y ochenta, y nuestra democracia se las dio sin atropellarlos ni asesinarlos, como hace el régimen trinitario en este momento con los venezolanos.

Luego recordó:

-El trato que le dio la democracia y la ciudadanía venezolana en general a los trinitarios fue tan acogedora y de hermandad, que en Ciudad Bolívar hay un barrio donde viven solo trinitarios y sus descendientes. Les facilitaron trabajar y sus hijos asistieron a las escuelas venezolanas y fueron atendidos en el sistema hospitalario que era muy bueno antes que llegara la peste roja. Y nunca habido un acto de agresión contra ellos por ser trinitarios, sino que más bien los incorporaron a la comunidad donde residen. En Tucupita los trinitarios sin ser profesores titulares ni ser egresados de algún Instituto venezolano, los incorporaron a dar clases de inglés en los liceos. Estos dos casos narrados en este párrafo nadie me lo contó, yo los vi con mis propios ojos, como dicen mis nietos cuando quieren reafirmar algo.

En el pueblo donde se edita el
portal Costa del Sol, Güiria, la
negritud que lo caracteriza tiene su

origen en los trinitarios que allí se residenciaron, dada la cercanía marina de Trinidad con esa parte del Estado Sucre.

LA DELINCUENCIA EN PERÚ LA ATRIBUYEN FALSAMENTE A LOS VENEZOLANOS

Ei 6 de octubre de 2019 la periodista Luna Perdomo, de TalCual, reportó:

-El rechazo hacia los migrantes venezolanos en Perú ha ido creciendo con el paso de los años. De acuerdo con una encuesta de la consultora Ipsos Perú realizada en abril de este año, 67% de los peruanos considera negativa la inmigración venezolana y de este número, 54% estima que el impacto desfavorable se da porque aumenta la delincuencia en el país.

Y añadió:

-Estas alarmantes cifras se han dejado traducir en una creciente ola de actos de xenofobia contra venezolanos radicados en el país andino, potenciados por una inusitada exposición negativa en medios de comunicación y voceros de la política peruana, lo que ha provocado la reacción tanto del gobierno de ese país como de voceros del Ejecutivo y el Legislativo venezolanos.

Sin embargo, a pesar de la percepción de los ciudadanos peruanos, los datos demuestran que la migración venezolana no es la principal causa del aumento de la criminalidad.

A pesar de que no existen documentos públicos con las cifras oficiales de denuncias contra venezolanos desagregadas por años, la Dirección de Investigación Criminal de la Policía Nacional de Perú (PNP) presentó un informe que afirma que desde 2016 hasta mayo de 2019 se habían realizado 5.767 denuncias contra ciudadanos venezolanos.

Tomando en cuenta que durante ese mismo período la policía de este país asegura que las denuncias por comisión de delitos han crecido hasta superar en un millón 46.000 denuncias en términos generales, se tiene que las denuncias en contra de venezolanos solo representan 0,5% del total recibidas en los últimos tres años.

Luego señaló:

-Al respecto, la profesora de Ciencias Sociales y Políticas de la Universidad del Pacífico (UP) en Lima, Feline Freier, aseguró a TalCual que "aunque haya aumentado el número de venezolanos presos y el número de denuncias, es mucho menor que el aumento de la migración venezolana".

Freier explica que en un primer instante la llegada de venezolanos fue percibida como positiva, percepción que cambió el año pasado en el contexto de las campañas electorales de las elecciones municipales. "Ahí vimos un primer aumento de xenofobia, sobre todo en los medios, en los discursos políticos de algunos candidatos; por ejemplo, Ricardo Belmont (izquierda), candidato a la alcaldía de Lima", quien en su momento aseguró que "más de un millón de venezolanos ha venido a trabajar al Perú, a quitarle trabajo a los peruanos".

Después precisó:

-A juicio de la profesora de la UP, en los últimos meses se ha incrementado la percepción de que los venezolanos son culpables del aumento del crimen en Perú y destaca la "responsabilidad o el comportamiento poco responsable de los medios que todos los días informan sobre crímenes cometidos por venezolanos y eso es la noticia.   Pareciera que ya es un chiste que los venezolanos le han quitado a los pobres peruanos hasta los trabajos en el sector criminal, que no es el caso", afirma.

La congresista Esther Saavedra manifestó el lunes 30 de septiembre de 2019 durante una discusión parlamentaria que "un millón de inmigrantes entre legales e ilegales, entre trabajadores y bandidos delincuentes, tienen que comer, tienen que dormir, vienen a quitar trabajo a nuestros peruanos". También pidió al para el entonces presidente Martín Vizcarra, que cerrara la frontera con ayuda militar y expulsara a todos los venezolanos buenos y malos para así evitar que Perú se convierta en el patio migratorio de América Latina

Posteriormente indicó:

-Desde que comenzó la crisis humanitaria en Venezuela, Perú pasó a ser el segundo país con más migrantes venezolanos, solo antecedido por Colombia. Según datos oficiales, en 2016 el número de venezolanos que se había radicado en Perú era de 8.179 y para finales de julio de este año, la cifra supera los 850.000.

Pese a este alto incremento, los datos oficiales no reflejan que los venezolanos hayan potenciado las cifras de criminalidad en Perú. De hecho, los números del Instituto Nacional Penitenciario del Perú (INPE) señalan que de mayo de 2016 a mayo de 2019 la población penitenciaria aumentó aproximadamente en 23.000 personas, pero disminuyó el número de extranjeros detenidos. Entre los años 2016 y 2018 la población penitenciaria de foráneos se redujo de 1.804 a 1.633.

Igualmente puntualizó:

-Es más, para el período enero 2016 - mayo de 2019 el número de presos venezolanos en cárceles peruanas fue de apenas 381 personas. Esta cifra representa 0,4% de la población penitenciaria en ese país. Tomando en cuenta que la población venezolana en Perú supera los 850.000, solo 0,04% de los compatriotas residentes en Perú forman parte de la población penitenciaria de aquella nación.

Otro dato: de los más de 29,2 millones de peruanos censados por el Instituto Nacional de Estadística e Informática (INEI), 91.908 son reclusos, lo que significa que aproximadamente 0,31% de la población de ese país está tras las rejas.

DEFENSOR DE LOS DDHH RECHAZÓ LA XENOFOBIA MASIVA CONTRA NUESTROS MIGRANTES

El 4 de octubre de 2019 el exparlamentario y defensor de derechos humanos, Rafael Narváez, aseguró que rechaza los tratos inhumanos de países receptores con la migración venezolana.

En una rueda de prensa transmitida por TVVenezuela Noticias. el activista igualmente señaló:

-Vemos cómo en México hay como depósitos de hombres casi desnudos en el aeropuerto de Cancún, donde son dejados por los cuerpos de seguridad del Estado, donde México pareciera que olvida la historia de nuestro libertador, la historia de nosotros que también recibimos a muchos mexicanos, tuvimos presidentes sin ninguna mezquindad, dándoles protección y cada día los recibimos cuando venían a Venezuela, allí está mucha gente vejada, maltratada, en el aeropuerto de Cancún, como el caso de Quito donde llegaron a marcar las casas de los migrantes para buscarlos, para cazarlos, lamentablemente como si fuesen entes despreciables.

El también exparlamentario agregó que "ahí tenemos el caso de Perú que denuncio como defensor de derechos humanos, como activista por más de 35 años, como movimientos que tienen que ver con la gente que se fue, ahí están parlamentarios despreciando y planteando en la agenda de discusión de Perú, ese Parlamento que lo que tiene que asumir es la defensa de los DDHH, proteger y que son signatarios de la Convención de Viena, están buscando la forma de que desalojen a estos venezolanos que lo que están es haciendo el esfuerzo para salvar sus vidas, con el hambre en la espalda, llevando sol, y cuando van a Perú, prácticamente les hacen manifestaciones aplicándole la xenofobia.

Esta información fue tomada de Noticiero Digital.

HASTA SEPTIEMBRE DE 2019 HABÍAN HUIDO DE VENEZUELA 4 MILLONES 300 MIL PERSONAS

El 6 de octubre de 2019 Katherine Dona, del portal Contrapunto, reportó:

-Más de cuatro millones de venezolanos han migrado durante el Gobierno de Nicolás Maduro, informó este domingo 6 de octubre el representante de Juan Guaidó para la Organización de Estados Americanos (OEA), David Smolansky.

Los países con mayor cantidad de venezolanos son Colombia, Perú, Estados Unidos, Chile, Ecuador y Brasil. Foto: El País, España

Luego, con cifras recabadas por el entonces funcionario de la OEA, indicó que a la fecha habían huido de la dictadura hacia los siguientes destinos: Colombia: 1.6 millones, Perú: 900 mil, EEUU: 422 mil, Chile: 400 mil, Ecuador: 350 mil, Brasil: 170 mil, Argentina: 150 mil, Panamá: 100 mil y México, 70 mil.

Smolansky reveló a su vez que en otros países de América Latina y el Caribe se ha registrado los siguientes datos:

República Dominicana: 40 mil, Guyana: 36 mil, Costa Rica: 30 mil Curazao: 26 mil, Canadá: 22 mil, Aruba: 16 mil, Uruguay: 10 mil y Bolivia: 10 mil.

MIGRANTES VENEZOLANOS EN BOLIVIA NO SUFREN XENOFOBIA

El 30 de marzo de 2019 Javier Aliaga, de France 24, reportó:

-Los inmigrantes venezolanos en Bolivia confían en reconstruir sus vidas contando con la solidaridad de la población, aunque su vulnerabilidad ha sido patente con la expulsión de seis de ellos por manifestarse contra la embajada de Cuba en La Paz.

La medida fue criticada por la oposición y Amnistía Internacional que pidieron no violar los derechos de los migrantes venezolanos, cuyo número global es desconocido, aunque ellos hablan de centenares y posiblemente miles repartidos en varias ciudades bolivianas, sobre todo en las del este, donde el clima es más cálido.

Luego apuntó:

-En diálogo con France 24, algunos venezolanos cuentan que cuando eligieron Bolivia como destino, sus compatriotas les preguntaban si valía la pena hacer esa travesía hasta el centro de Suramérica conociendo que el Gobierno de Evo Morales se reclama socialista y respalda a Nicolás Maduro en medio del grave éxodo migratorio que sufre ese país.

"A diferencia de la situación en que se encuentra Venezuela, aquí hay calidad de vida en el tema de los servicios, la comida es muy accesible. Pienso que con el sueldo mínimo (296 dólares) una persona puede vivir tranquilamente", comenta Darnel Lucena, de 28 años, que se declara muy sorprendido por las diferencias entre las dos economías.

Con dinero que el teniente coronel (retirado) Hugo Chávez birló a los venezolanos creció la economía boliviana y la venezolana se fue al suelo, trayendo como consecuencia, entre otros males, la diáspora externa nunca conocida en el país, todo con el funesto propósito de establecer la peste del socialismo del siglo XXI

Aliaga continuó:

-Él es un ingeniero de sistemas proveniente de La Guaira, Caracas, (sic) que desde hace más de dos meses se gana la vida como vendedor ambulante de arepas en el barrio de San Miguel, una de las zonas comerciales y residenciales de mayores ingresos de La Paz.

Llegó a Bolivia hace ocho meses para instalar una red informática para una empresa, empleo que duró un semestre y ahora está a la espera de conseguir un nuevo trabajo estable, aunque también sueña con montar en La Paz un verdadero negocio de arepas al paso y una consultora para hacer páginas web.

Luego observó:

-Mientras cuenta su historia en San Miguel, un grupo de venezolanos se le acerca para intercambiar noticias de su país y compartir postres.

Lucena salió de Venezuela hace tres años porque la empresa de cable en la que trabajaba redujo su personal, pero "la situación no estaba tan grave" como ahora, que el salario mínimo es de 18.000 bolívares soberanos, igual a solo cinco dólares mensuales.

En La Paz, con la venta de arepas, reúne entre 21 y 28 dólares diarios, que le permiten cubrir sus gastos y enviar una remesa mensual de 50 dólares a su madre.

Es habitual ver en las calles y en los autobuses de La Paz a venezolanos que piden limosna contando la historia de la inflación y la devaluación de su moneda.

El periodista citó más casos:

-Juan Romero, de 33 años, amigo de Lucena, lleva tres meses en La Paz, donde arribó a través de un periplo de cinco días por el territorio brasileño con su esposa y dos hijos de 4 y 9 años. Ellos vienen desde Puerto La Cruz, en el estado venezolano de Anzoátegui.

Romero también vende arepas, su esposa trabaja en un restaurante y el niño mayor logró este año ingresar a una escuela estatal de La Paz, algo que considera muy afortunado y atribuye al "buen trato" que reciben los venezolanos de parte de la población boliviana.

A una cuadra de ellos, José Farfán, de 25 años, proveniente de Caracas, limpia parabrisas a cambio de unas monedas. Farfán está hace dos meses en La Paz y antes también radicó en Colombia, Ecuador y Perú, pero a esos países "llegaba mucho venezolano y ya no se hacía mucha plata", según cuenta.

"Bolivia es bien, la gente lo recibe bien a uno. No hay xenofobia, a uno lo tratan bien", subraya al asegurar que en su periplo sufrió por discriminación sobre todo en Ecuador.

Farfán, que vive con su esposa en La Paz, evita con esfuerzo quebrarse emocionalmente cuando recuerda que en casa de su madre en Venezuela dejó a sus pequeños gemelos y solo puede mandarles dinero, aunque esta semana no le ha ido bien con la limpieza de los parabrisas debido a las lloviznas intermitentes en la sede del gobierno boliviano.

Aliaga apuntó después:

-Lo primero que hacen los venezolanos al llegar a La Paz, situada a 3.600 metros sobre el nivel del mar, es visitar la Casa del Migrante, de la Pastoral de Movilidad Humana de la Iglesia Católica, que está a cargo del sacerdote brasileño Ildo Griz.

"Si tú quieres entender a un venezolano, mírale los pies, mira sus calzados totalmente rotos. Cuando llegan a la casa de acogida te dicen que han caminado dos o tres meses", destaca Griz, en declaraciones a France 24.

Celebra que la población haya sido comprensiva con la emigración venezolana y pide a las autoridades una mirada "mucho más humana y no tanto desde lo legal".

Esto a propósito de una decisión de mediados de marzo del ministerio de Gobierno de detener a 14 venezolanos y expulsar a seis de ellos por manifestarse contra la embajada de Cuba pidiendo "Libertad para Venezuela" y confrontando a los funcionarios cubanos.

Gobierno boliviano acusó a los venezolanos de estar en "acciones conspirativas" y "actividades políticas que afectan al orden público, a cambio de dinero" para justificar la expulsión, lo que le valió las críticas de opositores bolivianos y de Amnistía Internacional, que en su cuenta @AmnistiaOnline criticó al ministro de Gobierno, Carlos Romero, por expulsar "sin un proceso justo" a los venezolanos y le pidió "dejar de perseguir y expulsar arbitrariamente a personas que necesitan protección internacional".

EL AUTOR

Eladio Rodulfo González, quien firma su obra en prosa o en verso con los dos apellidos, nació en el caserío Marabal, convertido después en parroquia homónima del Municipio Mariño, Estado Sucre, Venezuela.

Su nacimiento se produjo el 18 de febrero de 1935. Es licenciado en Periodismo de la Universidad Central de Venezuela, trabajador social, poeta e investigador cultural.

En los primeros años de su vida fue dependiente en la bodega del padre, obrero petrolero de la empresa Creole Petroleum Corporation en Lagunillas, Estado Zulia, localidad donde inició el bachillerato en el Colegio Santa Rosa de Lima, que continuó en los liceos Alcázar y Juan Vicente González y la Escuela Nacional de Trabajo Social, ambas instituciones situadas en Caracas. También fue cofundador de la División de Menores del extinto Cuerpo Técnico de Policía Judicial y de la Seccional Nueva Esparta del Colegio Nacional de Periodistas, donde integró el directorio en varias secretarías y además presidió el Instituto de Previsión Social del Periodista.

En la extinta Escuela de Periodismo de la Universidad Central de Venezuela, transformada en Escuela de Comunicación Social después, el 9 de octubre de 1969 obtuvo el título de licenciado en Periodismo. Más tarde realizó un posgrado en Administración Pública, mención Organización y Métodos, y un curso de Investigación de Investigación Cultural. Asimismo, hizo cursos policiales en Washington, D.C. y en Fort Bragg, Carolina del Norte.

Ha publicado los siguientes libros:

I. Prosa

-La desaparición de menores en Venezuela, citado por Julio Cortázar en La vuelta al día en 80 mundos.

-Los problemas alimentarios del menor venezolano.

El Padre Gabriel.
-Colaboradores del gobernador.
-Margarita Moderna.
-Siempre Narváez.
-Margarita y sus personajes (5 vols.)
-Caracas sí es gobernable.
-Así se transformó Margarita.
-Breviario neoespartano.
-Patrimonio Cultural Mariñense.
-Festividades Patronales Mariñenses
-Manifestaciones culturales populares del Municipio Marcano.
-Festividades patronales del Municipio Villalba.
-Festividades patronales del Municipio Antolín del Campo.
-Manifestaciones culturales populares del Municipio Gómez.
-La mujer margariteña.
-Manifestaciones culturales populares de la Isla de Coche.
-El asesinato de Óscar Pérez
-El asesinato del Capitán de Corbeta Rafael Acosta Arévalo.
-El asesinato de Fernando Albán.
-Festividades Navideñas.
-Morel: Política y Gobierno.
-Niños maltratados.
-El deterioro de la salud en el socialismo del siglo XXI.
-Dos localidades del Estado Sucre.
-Háblame de Pedro Luis.
-Estado Nueva Esparta 1990-1994.
-Chávez no fue bolivariano.
-Rómulo Betancourt: Más de medio siglo de historia.
-Los ojos apagados de Rufo.
-Festividades patronales del Estado Nueva Esparta.
-La Hemeroteca Loca (6 volúmenes).

-Nuestra Señora de Los Ángeles, patrona de Los Millanes.

-Pelea de gallos.

-El gallo en el arte, la literatura y la cultura popular.

-Carlos Mata: luchador social.

-Vida y obra de Jesús Manuel Subero.

-Breviario Neoespartano.

-Cuatro periodistas margariteños.

-Francisco Lárez Granado El Poeta del Mar.

-Textos periodísticos escogidos (2 vols.).

-Cristo en la devoción religiosa católica neoespartana.

-La historia de Acción Democrática en tres reportajes periodísticos.

-La Virgen María en la devoción religiosa de Margarita y Coche.

-Festividades patronales del Municipio García del Estado Nueva Esparta, Venezuela.

-La guerra del dictador Nicolás Maduro contra comunicadores sociales y medios desde enero hasta mayo de 2018.

-La Quema del Año Viejo en América Latina.

-La Quema de Judas en Venezuela, 2013-2014.

-La Quema de Judas en Venezuela.

-La Quema de Judas en Venezuela, 2015.

-La Quema de Judas en Venezuela, 2016.

-La Quema de Judas en Venezuela (2017-2018).

-Catorce años de periodismo margariteño.

-Grandes compositores del bolero.

-Grandes intérpretes del bolero.

-El Bolero en América Latina.

-El Bolero en Venezuela.

-La guerra asimétrica del dictador Hugo Chávez contra comunicadores sociales y medios desde 1999 hasta 2003.

-La guerra asimétrica del dictador Hugo Chávez contra comunicadores sociales y medios 2004.

-La guerra asimétrica del dictador Hugo Chávez contra comunicadores sociales y medios 2005.

-La guerra asimétrica del dictador Hugo Chávez contra comunicadores sociales y medios 2006.

-La guerra asimétrica del dictador Hugo Chávez contra comunicadores sociales y medios 2007.

-La guerra asimétrica del dictador Hugo Chávez contra comunicadores sociales y medios 2008.

-La guerra asimétrica del dictador Hugo Chávez contra comunicadores sociales y medios 2009.

-Imprenta y Periodismo en Costa Rica.

-Gobernadores contemporáneos del Estado Nueva Esparta.

-Marabal de mis amores.

-Hemeroteca: Periodismo Moderno neoespartano.

-Historia de los primeros periódicos de América Latina.

-La libertad de prensa en Venezuela.

Los indígenas en el socialismo del siglo XXI.

La corrupción en el socialismo del siglo XXI (3 volúmenes).

Los presos del narcodictador Nicolás Maduro (4 volúmenes).

Morir en el socialismo del siglo XXI (5 volúmenes)

La Barbarie Represiva de la Narcodictadura de Nicolás Maduro (5 Volúmenes)

La Diáspora en el Socialismo del Siglo XXI, Tomos I y II

II. Poesía

Antología Poética.

Elegía a Juan Ramón Jiménez, ganador de un premio nacional de poesía convocado por el Liceo Andrés Bello, de Caracas

Covacha de sueños.

- ¡Cómo dueles, Venezuela!

-A Briceida en Australia (tríptico).

-Elevación (tríptico).

-Divagaciones (tríptico).

-Nostalgia (tríptico).

-Entre sueños.
-Mosaicos Líricos.
-Elegía a mi hermana Alcides.
-Cien sonetillos.
-Alegría y tristeza.
-Encuentros y Extravíos.
-Ofrenda Lírica a Briceida.
-Guarumal.
-Primera Antología de poemas comentados y destacados.
-Segunda Antología de poemas comentados y destacados.
-Tercera Antología de poemas comentados y destacados.
-Brevedades Líricas.
-Cuarta Antología de poemas comentados y destacados.
-Poemas disparatados.
-La niña de Marabal.
-La niña de El Samán.
-Añoranza y otros poemas escogidos.
-Incógnita.
-Noche y otros poemas breves.
-Mis mejores poemas.
-Cuitas a la amada.
-Poesía Política.
-Poemas Políticos.

Página Web: cicune.org
Twitter: @mauritoydaniel
Email: cicune@gmail.com

Milton Keynes UK
Ingram Content Group UK Ltd.
UKHW022137201124
451425UK00020B/326